Still fließt die Spree. Ruhig, beinahe lautlos gleitet der flache Kahn auf ihrem welligen Rücken. Er folgt dem Lauf eines der vielen Fließe, in denen die Wasser der Spree die Wiesengründe des Spreewalds durchfluten. Flach sind die vorübergleitenden Ufer. Stille Pappeln und schlanke Erlen reihen sich zu leicht rauschenden Alleen. Der Wasserlauf spiegelt dunkles Gestrüpp und Wurzeln, während die Zweige alter Weiden den Geruch von Schilf und Gras hinüberwehen. Ein hoher, wolkenloser Himmel wölbt sich über den Wiesen, Laub wiegt sich im leichten Wind und Vogelstimmen tönen durch die Stille dieses tiefen, weiten Landes. In weichen Bögen folgt eine Windung der Fließe auf die nächste. An Erlen und sonnigen Lichtungen vorbei, umfängt das satte Grün der Gräser die treibenden Paddler. Schmale Halme neigen sich und ihre Spitzen liegen satt und träge auf der Wasseroberfläche. Durch das Dach der Zweige fallen einzelne Sonnenstrahlen und ein Blatt löst sich vom Baum, um rotierend das Wasser zu erreichen, und, einem Schiffchen gleich, davon zu schwimmen ohne unterzugehen. Aus dem sich wiegenden, rauschenden Blätterdach fällt das Licht in spitzen Pfeilen auf das Wasser. Golden flammen junge Nesselstauden, heben zartgrünes Filigran vor Schattentiefen. Betörend süßer Duft aus weißen Blütentrauben quillt über den Saum des Fließes. Sein stilles Wasser wälzt faulende Blätter auf dem flachen Grund, deckt trüb das Geheimnis schattiger Tiefen. Während der Wald langsam entschwindet, verzweigt sich das Fließ und nimmt erlenumsäumte Kanäle in sich auf. Später wird der Lauf breiter, lichten sich die Ufer. Die Windungen des Fließes verlieren ihre Heimlichkeit um in eine offene Wiesenweite über zu gehen. Eine Pappelreihe reckt sich am Ufer, der Wind streicht darüber hin und trägt krächzende Krähenlaute mit sich fort. Dottergelbe Sumpfblumen heben ihre Köpfe, während Feuchtigkeit in den niedrig gelegenen Wiesen glitzert. Flache Gräben umziehen das Land, an dessen Ufern sich einzelne Weiden in der schwachen Briese wiegen.

Genau diese Atmosphäre ist es, die Spreewald-Enthusiasten suchen, und die sie immer wieder in diese einzigartige Landschaft zieht.

Der Spreewald sollte nicht schnell erkundet werden – vielmehr langsam und leise: Mit dem Kanu, dem Rad, oder einfach zu Fuß.

Der Spreewald ist uralt und fast vollständig naturbelassen. Die üppig wachsenden Wasser- und Sumpfpflanzen treiben in den Fließen, und an ihren Ufern wölben sich noch immer die Kronen von Erlen und Eschen, Buchen und Eichen – einem europäischen Urwald gleich. Es braucht nicht viel Phantasie, um in diesem Gelände ehemalige Bewohner wie Wisent, Auerochse, Elch oder Bär zu erahnen.

Natürlich gibt es im Spreewald auch die andere, dynamische und auf hohem Standard entwickelte Tourismus-Szene mit Hotels aller Kategorien, Spaßbädern, krachender Unterhaltungsgastronomie, Musik-Events und allem, was das Herz des erlebnishungrigen Spreewaldbesuchers höher schlagen lässt.

In diesem Buch sollen sowohl die Orte der Idylle als auch des Entertainments vorgestellt werden. Auf diese Weise ist ein Reiseführer entstanden, der immer auch Expeditionen ins Unbekannte verspricht und neugierig auf die Region und ihre Bewohner macht – dann sollte das Buch gelungen sein.

Jo Lüdemann

ZUR GEOLOGISCHEN ENTWICKLUNG

Der Spreewald zählt zu den eigenartigsten Landschaften Deutschlands. Sein spezieller Reiz beruht nicht zuletzt auf den naturgeographischen Besonderheiten dieser charakteristischen Niederungs- und Flusslandschaft. Wie der Spreewald eigentlich entstanden ist, darauf gibt es zumindest zwei Antworten.

Eine einzigartige Auenlandschaft

Variante 1: Der Teufel hatte sich zwei Ochsen vor den Pflug gespannt und ackerte damit das Bett der Spree. Die störrischen Tiere wollten aber nicht so, wie ihr Herr und gingen alles andere als geradeaus. Verständlicher Weise verärgerte dieses Verhalten den Teufel und er warf seine Mütze nach dem Vieh. Die Ochsen wurden nun noch störrischer und zogen die Deichsel mal nach links, mal nach rechts. In der Gegend von Peitz schließlich sprangen die pechschwarzen Tiere endgültig aus der Furche, und der Pflug samt Teufel stürzte um und versank im heute noch so benannten Teufelsteich. Weiter heißt es: *„Nun hatte es der Teufel aber satt und flüchtete wieder in seine Hölle. Die Ochsen aber jagten hin und her bis kurz vor Burg und verschwanden dann auch."*

Einst pflügte der Teufel das Bett der Spree ...

So spannend heißt es in der Sage – die naturwissenschaftliche Erklärung klingt entsprechend unpoetischer. Der flächenmäßig größte Teil des Spreewaldes, der Oberspreewald, liegt im Baruther Urstromtal, in einer Höhe von 64 bis 52 Meter NN. Hier, wo sich die Schmelzwasser der äußersten Eisrandzone des skandinavischen Inlandeises der Weichselkaltzeit nach Westen und Nordwesten abflossen. Im Norden wird der Spreewald von den kuppigen Endmoränenzügen und den ausgedehnten Sanderflächen des Brandenburger Stadiums begrenzt, die über 70 Meter, in den Krausnicker Bergen nordwestlich des Unterspreewaldes sogar 144 Meter, hoch aufragen. Im Süden begrenzen den Spreewald einige Hochflächen, 60 bis 100 Meter hoch gelegene Geschiebemergel- und Geschiebesandflächen des Warthestadiums, die weiter südlich zum Lausitzer Landrücken ansteigen. Die Spree hat im Eiszeitalter von Süden her, vom heutigen Cottbus aus, einen großen Schwemmsandfächer in das Urstromtal geschüttet. Diese Aufschüttung wenig nährstoffreicher Sande reicht bis Peitz im Norden und westlich bis in das Burger Gebiet hinein. Hier ist dieser Schwemmsandfächer in viele kleine Talsandinseln, so genannte Kaupen, aufgelöst und bildet die natürliche Voraussetzung der weit ausgedehnten Streusiedlungen von Burg, besonders die Ortsteile Burg Kauper und Burg Kolonie. Beim Rückschmelzen des Eisrandes stellten die Schmelzwasser einen Durchbruch aus der Gegend des heutigen Lübben nach Norden in ein altes Gletscherzungenbecken her. Schließlich füllte die eiszeitliche Spree dieses Becken mit ihren Ablagerungen aus, sodass die Niederung des jetzigen Unterspreewaldes entstand. Der Neuendorfer und der Köthener See

Der Bischdorfer See - einst Tagebau, heute geflutet

sind verbliebene Reste dieses ehemaligen Zungenbeckens. Nachdem schließlich der Rand des Inlandeises weiter nach Norden zurückgeschmolzen war und allmählich die riesigen Schmelzwassermassen für die Baruther Urstromtalung ausblieben, benutzte die Spree das Baruther Urstromtal, vertiefte es und schuf eine breite Aue. Spätere Dünenbildungen nördlich des heutigen Unterspreewaldes zwangen die Spree jedoch zum Ausweichen nach Osten. Dieser Umweg der Spree bedingt das geringe Gefälle in der Spreewaldniederung.

Dadurch konnte die in Mitteleuropa nicht wiederkehrende Niederungs- und Auenlandschaft überhaupt entstehen. Der Spreewald ist somit eine langgestreckte Niederung. Aus der fast ebenen Niederung des Oberspreewaldes ragen einige Grundmoräneninseln nur wenig heraus, unter ihnen der Schlossberg mit dem Jugendturm und die Siedlungsfläche von Burg Dorf. Mitten in der Niederung liegt auf einer dieser Erhöhungen das Dorf Leipe. Der Untergrund der Spreewaldniederung besteht überwiegend aus Talsanden. Geschiebemergel tritt nur in wenigen Stellen auf. Nach der letzten Kaltzeit in der geologischen Gegenwart (Holozän) entstanden Flachmoore, deren Mächtigkeit (um 50 m) im Gegensatz zu anderen brandenburgischen Niederungsgebieten gering blieb. Diese Flachmoore sind überwiegend aus den Laub- und Holzmassen der Erlenwälder hervorgegangen, die bei den vielen Hochwassern unter Luftabschluss vertorften. An vielen Stellen entstanden ausgedehnte Lagerstätten von Raseneisenstein (Brauneisen) nur wenig unter der Oberfläche, die über viele Jahrhunderte und bis in die Gegenwart abgebaut und im Spreewald in Peitz und Schlepzig verhüttet wurden.

ÜBER FAUNA UND FLORA

Der Spreewald ist keine naturbelassene Landschaft, sondern eine über viele Jahrhunderte vom Menschen beeinflusste Kulturlandschaft. Die wohl noch ursprünglichste Landschaft findet sich in der feuchtesten Region – dem wenig zugänglichen Moosblüten-Erlenwald. Bei sinkendem Wasserstand entwickeln sich hier auch Traubenkirschen-Eschenwälder. Als eine Besonderheit des Unterspreewaldes sind Buchenwälder auf den Kaupen zu nennen. Zwischen hohen Erlen und Moorbirken finden sich neben großflächigen Moospolstern (Bülten) mit wenig ansehnlichem braunen, moorigem Wasser gefüllte Lachen, in denen von Mai bis Juli die weißen Blüten der Wasserfeder und der Wasserprimel zu finden sind. Weniger angenehm als dieser Anblick ist, dass sich hier ein idealer Lebensraum für Milliarden von Mückenlarven bietet, die dann erwachsen geworden, die kahnfahrenden Touristen angreifen. Wird der Boden des Spreewaldes trockener, wachsen zwischen Brennnesseln und Großseggen die gelben Blüten der Sumpfschwertlilie und die weißen bzw. violetten Blüten des Beinwells. Ebenfalls anzutreffen ist eine echte botanische Rarität: Die nur im Spreewald vorkommende Sommerknotenblume oder auch großes Schneeglöckchen, wie die Einheimischen diese Blume nennen. Am noch trockneren Rand der Talsandinseln wachsen dann neben den Erlen auch von wildem Hopfen umrankte Eschen, das große Spring-

Aufgrund des geringen Gefälles verlanden die Kanäle schnell und müssen regelmäßig ausgebaggert werden.

kraut, Waldziest und Pfennig-Gilbweiderich. Geht das Wasser noch weiter zurück, kann man unter den Eichen und Buchen auch Buschwindröschen, gelbes Windröschen, Goldnessel, Leberblümchen, Sitter und Großes Zweiblatt entdecken. Wie bereits angedeutet, ist das heutige Aussehen weiter Teile des Spreewaldes der Arbeit der Bauern zu verdanken. Vor ungefähr 300 Jahren begannen die Einheimischen ihre Wälder zu roden, Torf zu stechen und diesen über neu gegrabene Kanäle zu transportieren. Die heute noch typischen Spreewaldwiesen wurden in dieser Zeit angelegt, um die preußischen und sächsischen Armeen mit Heu versorgen zu können. Aufgrund des geringen Gefälles im gesamten Spreewald verlanden die Kanäle sehr schnell und mussten ständig ausgebaggert und vertieft werden.

Der Storch – Symboltier des Spreewaldes

Der nährstoffreiche Aushub wurde dann als Grundlage für die Horstäcker benutzt, auf denen dann wiederum Gurken, Meerrettich und Zwiebeln gezogen werden konnten. Der Spreewald gilt noch immer als sehr wildreich – was auch den Speisekarten vieler Restaurants in der Gegend anzusehen ist. Zwar wurde der letzte Bär schon 1650 und der letzte Wolf 1844 erlegt, aber die Anzahl der Wildschweine, Hirsche und Rehe versprach immer einen gesunden Bestand in vernünftigem Rahmen. Wie zu hören ist, konnten bedauerlicherweise Rebhuhn und Fasan nicht wesentlich vermehrt werden – sind aber noch immer hier ansässig. Der aufmerksame Vogelfreund kann die fast lautlos dahingleitenden Weißstörche, Graureiher und seit einigen Jahren auch wieder einige Exemplare des Schwarzstorches beobachten. Der Weißstorch ist in fast allen Dörfern der Umgebung zu sehen – die Horste stehen auf Dächern, in Bäumen (vor allem Pappeln und Erlen), aber auch auf den Masten von Telefonleitungen.

An Raubvögeln sind vor allem Bussarde, Rot- und Schwarzmilane in den Lüften zu erkennen. Die Singvogelpopulation ist für den Laien kaum zu überschauen. Den Großen Brachvogel, Wildente, Höckerschwan, Bekassine und Kiebitz dürften auch Nicht-Fachleute erkennen.

Um auch weiterhin eine möglichst breite und nachhaltige Entwicklung der Fauna und Flora garantieren zu können, sorgten bereits in den 1980er Jahren engagierte Naturschützer dafür, dass zumindest der Kahlschlag in den alten Bruch- und Auenwäldern gestoppt wurde. Seit 1990 ist eine fast 500 Quadratkilometer große Fläche als international anerkanntes Biosphärenreservat ausgewiesen (März 1991 auch durch die UNESCO). In dem Reservat sind 18.000 Pflanzen- und Tierarten beheimatet. Fast 600 Pflanzenarten davon stehen auf der Roten Liste. Zu den seltenen Pflanzen zählen: Pfeilkraut, Wassernuss oder verschiedene Orchideenarten. Durch die bodennahe Lüfte schweben 830 Schmetterlings- und 48 Libellenarten.

Biosphärenreservat Spreewald

Auf den Spreewald verteilt wurden drei große Informationszentren eingerichtet:
• Informationszentrum Schlossberghof in Burg
• Haus für Mensch und Natur in Lübbenau
• Alte Mühle in Schlepzig

Hier sind Tipps, Faltblätter, Karten, Tourenvorschläge zu erhalten und werden Führungen durch Mitarbeiter der Naturwacht organisiert. (Adressen, Tel. etc. im Informationsanhang)

Das Biosphärenreservat ist in vier unterschiedlich zu pflegende bzw. zu entwickelnde Zonen gegliedert.

In der Schutzzone I, der sogenannten Kernzone (970 Hektar) sollen die Naturschutzgebiete als Totalreservate ganz ihrer natürlichen Dynamik überlassen bleiben.

Die Schutzzone II, die Pflege- und Entwicklungszone (8.720 Hektar) soll durch Maßnahmen der extensiven Nutzung und der Pflege die Artenvielfalt von Flora und Fauna erhalten bzw. stabilisieren und die Kernzone etwas abschirmen. Auf ausgewiesenen Strecken können sich die Touristen hier frei bewegen, sollten diese Wege aber nicht verlassen.

Den übrigen und größten Teil der Reservatsfläche bilden die *Schutzzone III*: Zone der harmonischen Kulturlandschaft und die *Schutzzone IV*: Regenerierungszone. Zusätzliche Bemühungen wie der Verzicht auf künstliche Dünger und Pflanzenschutzmittel, ein Mähverbot während der Brutzeit von Kiebitz oder Wachtelkönig sind nur einige wenige Beispiele für den sorgfältigen Umgang mit der Natur. Die Spreewälder Bauern haben schnell gemerkt, dass sich durch diese naturerhaltenden Maßnahmen nicht nur Touristen beeindrucken und anlocken ließen, sondern dass sich auch für ihre Bioprodukte in den Großstädten, wie z.B. Berlin, nachhaltig sehr gute Absatzmöglichkeiten boten.

Auch die 194 schiffbaren Fließe (von ca. 300) gehören in das geschützte Gebiet. Den Paddlern ist deshalb nicht auf allen befahrbaren Wassern auch der Sport erlaubt. Meistens haben sich hier seltene Fischarten angesiedelt (Bachneun-

Die typische Spreewald-Stockente – mit Kahn

auge, Quappe) oder an den Ufern brüten geschützte Vögel. Das Aussteigen oder Zelten ist längs der erlaubten Paddelstrecke nur an den dafür gekennzeichneten Stellen erlaubt.

ZUR GESCHICHTE

Unterhalb von Cottbus verändert sich die Spree auf sehr außergewöhnliche Weise: Sie teilt sich in ein fast nicht durchschaubares Labyrinth aus über 300 Fließen und Gräben, das 55 Kilometer lang ist. Der Spreewald, sorbisch/wendisch „Blota" – heißt Sumpfland. Eine langgestreckte Niederung also, deren geopolitischer Vorteil darin bestand, dass die einheimische Bevölkerung vor expansiven Gelüsten fremder Herrscher relativ geschützt war: Entweder interessierten sich diese für die wenig wirtliche Gegend überhaupt nicht, oder die Sümpfe boten den Einheimischen ausreichenden Schutz; der so gut funktionierte, dass man allgemein noch bis ins 14. Jahrhundert annahm, das Innere des Spreewaldes wäre unbewohnt. Erstmals schriftlich erwähnt wurde der Spreewald wohl auch deshalb erst 1328, aus dem Jahre 1662 stammt die erste überlieferte Karte des Spreewaldes. Menschen haben hier aber schon wesentlich früher gelebt: Wie Feuersteinwerkzeuge belegen, besiedelten zwischen 8000 bis 1600 v. u. Z. mittelsteinzeitliche Jäger diese Gegend. Eine relativ schwache Bevölkerungszahl steigerte sich in der jüngeren Bronzezeit (1400 bis 700 v. u. Z.) erheblich. Wie Funde aus dem Schlossberg von Burg belegen, wurde das heimische Raseneisenerz hier verhüttet. Aus nicht bekannten Gründen sanken die Bevölkerungszahlen in den folgen-

Die Slawenburg Raddusch

den Jahrhunderten wieder, bis sich zwischen dem 3. und 5. Jahrhundert erste germanische Stämme ansiedelten. Während der Völkerwanderung im 6. Jahrhundert trafen die ersten Slawen aus dem Stamm der Lusici in der Region ein. Zu ihrem Schutz errichteten sie zahlreiche Burgwälle, von denen sich zumindest rudimentär noch zahlreiche Spuren wie bei Lübben und Lübbenau erhalten haben. Besonders eindrucksvoll und wissenschaftlich abgesichert, kann der Spreewaldbesucher sich ein Bild von dieser frühen Lebensweise in der Slawenburg Raddusch machen.

Die im Sommer 2003 für den Publikumsverkehr eröffnete frühmittelalterliche Wehranlage wurde am Originalstandort anhand von historischen Funden wieder aufgebaut. Im Gegensatz zu anderen slawischen Stämmen konnten die im Spreewald ansässigen über Jahrhunderte im Frieden leben. Lediglich „Solitudines paludesque", Einöden und Sümpfe, fand der umtriebige Bischof Thiemar von Merseburg um das Jahr 1000 u. Z. in der Gegend der heutigen Niederlausitz vor. Diese für die Ansässigen angenehme Lage änderte sich dann 1136 als das Geschlecht der Wettiner die Lausitz zum Lehen erhielt. Die slawischen Befestigungsanlagen an den Spreeübergängen, wie Lübben und Burg, hielten den Eindringlingen nicht lange stand und trotz harter und zäher Gegenwehr unterlagen die Slawen schließlich. Bis ins 12. Jahrhundert dauerten die von Karl dem Großen angeführten, oft grausam und blutig geführten Wendenkreuzzüge. Begleitet wurde die gewaltsame Christianisierung nach der militärischen Unterwerfung mit der weitgehenden Liquidierung der vorchristlichen wendischen Glaubenswelt und deren Kultplätzen. Kein Heerführer aus den Kämpfen in dieser Region zwischen Slawen und Deutschen ist namentlich überliefert.

Das heimliche Königtum

Sagenhaft ist überliefert, dass nach dem Verschwinden der märchenhaften Burg des letzten Sorbenkönigs noch bis ins 18. Jahrhundert Nachkommen existierten, die als rechtmäßige Herrscher betrachtet und verehrt und an die auch Abgaben gezahlt wurden. Dass diese Überlieferung auch über das Spreewaldgebiet hinaus durchaus ernst genommen wurde, beweist, dass selbst der 1640 gekrönte Kurfürst Wilhelm von Brandenburg an die Existenz eines Sorbenkönigs glaubte. Der Sage nach, soll er seinem Kollegen sogar einmal begegnet sein: *„Da wurde ihm einmal, als er sich im Spreewald befand, ein kräftiger, schlanker und schöner Jüngling als Sorbenkönig bezeichnet (im Sinne von denunzieren – d.A.). Ein alter Bauer aber, der den Verrat bemerkt hatte, schrie den jungen Mann zornig an: „Kerl, was stehst du hier und gaffst! Geh an die Arbeit!" und schlug ihn dazu noch mit seinem Stock. Durch diese List bewirkte er, dass der Kurfürst kopfschüttelnd von dem Jüngling abließ und der Sache nicht weiter nachging"*. Lokalisieren ließe sich nach einigen Quellen diese Begegnungsstätte auch – oder warum soll sonst die Verbindungsstraße zwischen lediglich 15 Anwesen in Burg-Kolonie „Kudamm" als Abkürzung für Kurfürstendamm heißen? Vielleicht lebt in der Erzählung neben der Erwartung eines geheimen prophetisch auftauchenden und erlösenden Herrschers, ähnlich der Barbarossa-Sage, die Erinnerung an einen namentlich nicht mehr bekannten Bauernführer fort. Im Jahre 1548 führte dieser die Leibeigenen in den Kampf gegen Franz von Minkwitz zu Uckro. Gegen die wohl noch drastischeren Hofdienste opponierend, kam es zum Aufstand, an den sich viele umliegende Dörfer anschlossen. „Mit schwerer Hand", so wird berichtet, soll dann „der Landvogt den Aufruhr erstickt haben" und den Anführer „an Leib und Leben" gestraft haben. Gehuldigt habe der Bauernführer dem von Uckro bis zuletzt nicht. Offiziell gibt es den Wendenkönig allerdings auch noch: Als Gaststätte in Burg und als Straße entlang der Spree.

Die geschichtliche Überlieferung aus der Zeit der Christianisierung ist wie so oft ein Fall von Siegerjustiz: Da die Wenden im Spreewald über keine eigene Schriftsprache verfügten, ist nur überliefert, was die eifrigen Missionare sehen wollten. Für diese waren die Bewohner des Spreewaldes rückständig, heidnisch und unkultiviert. Noch fünfhundert Jahre später beklagte der Leipziger Gelehrte Karl Gottlob von Anton (1751-1818): „...ihnen (den abendländischen Geschichtsschreibern – d.A.) sind die Slawen unbeständig, dumm, ungelehrig, verwegen, diebisch, unbarmherzig und untreu." Heute wissen wir, dass die Spreewälder einem sehr differenzierten und für uns heutige sehr interessanten Polytheismus anhingen. In seinem Aufsatz „Die Germanisierung der Mark Brandenburg" aus dem Jahr 1900 beschreibt Friedrich Wienecke woher die neuen Herren stammten: „Die Ritter waren meist nachgeborene Söhne von Adligen im westlichen Deutschland, die in ihrer Heimat keinen Rittersitz erwerben konnten. Der Kampf gegen die Ungläubigen war ehrenvoll; zudem lockten Beute und Besitz". Nach den Rittern und Mönchen folgten die „einfachen Ausländer". Im 12. und 13. Jahrhundert siedelten sich zahlreiche deutsche Bauern und Handwerker aus dem Rheinland, Franken und Sachsen, aber auch aus Flandern zumindest in den Randgebieten des Spreewaldes an und gründeten frühmittelalterliche Städte wie zum Beispiel Lübben (Stadtrecht 1220). In die gleiche Zeit fallen auch die Gründungen/der Ausbau einiger Burgen, die heute noch existieren – wenn auch stark umgebaut, wie z.B. in Groß Leuthen und Lübben. Trotz dieser Entwicklung fand der Spreewald wenig Beachtung, so dass von Raubzügen fremder Truppen nichts bekannt ist. Aus diesem Grund hatten die Spreewälder Zeit und Muße sich mit sich selbst zu beschäftigen: Fast 100 Jahre soll der blutig geführte Grenzkrieg zwischen den Städten Lübben und Lübbenau angedauert haben. Die deutsche Besiedlung des eigentlichen Spreewaldes begann später – erst um 1315 sind Orte wie Lehde, Leipe und Burg erwähnt. Mit der Lehensübernahme der Niederlausitz durch Herzog Christian I. von Sachsen-Merseburg im Jahre 1657 begann eine starke Förderung des Städtebaus und Verbesserung des Handelsstraßennetzes. In Folge des Dreißigjährigen Krieges wurde die Herrschaft über den Spreewald geteilt: Der Südteil mit Lübben und Lübbenau gehört dem sächsischen, der Nordteil dem preußischen König. Um diese Machtverhältnisse zu zementieren, verfolgten beide Königshäuser eine entsprechende Siedlungspolitik: Während der Regierungszeit Friedrich Wilhelms I. und Friedrich II. wurden mehr als 150 Familien angesiedelt – es entstanden die Streusiedlungsgemeinden Burg Kauper, Burg Kolonie und die Leinenweberkolonie von Burg (1748).

Die Kirche in Burg

Zur gleichen Zeit zogen neue Siedler in den sächsischen Teil und gründeten u.a. Neu Zauche, Neubyhleguhre und Mühlendorf in der Herrschaft Straupitz. In Folge der Napoleonkriege und des Wiener Kongresses (1815) musste Sachsen große Teile der Lausitz an Preußen abgeben – u.a. die Städte Lübben und Lübbenau. Für die Spreewälder änderte sich wenig. Die Menschen lebten von der Landwirtschaft, pressten Leinöl, ernteten und verarbeiteten Flachs und Gemüsesorten wie Gurken und Meerrettich. Bis 1900 arbeiteten ca. 10.000 Bauern auf ihren Feldern, die, von einigen Überschwemmungen abgesehen, sie redlich nährten. Bis in diese Zeit wurde sogar Wein produziert – eine Tatsache, die man sich

Die sächsische Postsäule in Lübbenau

bis vor einigen Jahren kaum vorstellen konnte, im Zuge des jetzigen Klimawandels aber vielleicht wieder aktuell werden könnte; das lizenzierte Weingut Werder liegt schließlich noch einige Kilometer weiter nördlich. In jene Jahrhundertwende fällt auch die Entwicklung einer neuen Einkommensquelle – die Erfindung des Tourismus. Wie so oft in Brandenburg, wirkte auch hier Theodor Fontane als Trendsetter. Bis zum 18. Jahrhundert war der Spreewald in Mitteleuropa fast unbekannt. Erst 1882 setzte ein grundlegender Interessenwandel mit dem Wirken des Lübbenauer Professors Paul Fahlisch (1844-1930) ein, als dieser erste „Gesellschaftsfahrten" organisierte. Die Interessenten warb der umtriebige Chronist und Gründer des ersten Spreewaldmuseums in Berlin, Leipzig und Dresden. Mit dem Bau der Eisenbahnlinie Berlin-Görlitz (1866) und Lübbenau-Kamenz (1874) rückte der Spreewald aus seiner jahrhundertelangen Abgeschiedenheit – nun sprach es sich auch bei den Hauptstädtern schnell herum, dass sich in gerade einmal 100 Kilometer Entfernung ein Erholungsgebiet von beinahe paradiesischer Ursprünglichkeit befand.

Unterbrochen wurde diese erfreuliche Entwicklung durch den Zweiten Weltkrieg. In der Nähe des Spreewaldes (bei Halbe) fand eine der letzten großen Schlachten statt, in deren Verlauf mehr als 40.000 Menschen ihr Leben verloren und die Stadt Lübben zu 85 Prozent zerstört wurde. In der Nachkriegszeit entwickelte sich der Spreewald zu einem der wichtigsten Zentren des Tourismus und der Landwirtschaft in der DDR. Nach 1989 und umfangreichen Investitionen gewann das Spreewaldgebiet auch bundesdeutsche Bedeutung. Derzeit stehen den Besuchern ca. 13.500 Betten in mehr als 180 Pensionen und Hotels zur Verfügung. Zwei Reha-Kliniken und drei Jungendherbergen wurden inzwischen gebaut. Dem ursprünglichen Gefühl dieser urigen Gegend kommen sicherlich die 28 Campingplätze entgegen.

Wer will da noch nach Kanada...

Die Vorstellungswelt der Slawen

Nach dem altslawischen Glauben hatte die Welt und der Himmel die Form einer gigantischen Eiche – Baum des Lebens genannt. Während in der Baumkrone ein magischer Feuervogel nistete, der zwischen den Menschen und den Göttern vermitteln konnte, wurde die Wurzel von einer riesigen Schlange bewohnt, die sich zwischen dem Reich der Toten und der Lebenden bewegte. Die sie umgebende Wirklichkeit stellten sich die Altslawen als den in drei Regionen geteilten Eichen-Baustamm vor: Die oberste, Prawia genannt, wurde von den Göttern bewohnt. Nach den Regeln des Urahns Rod herrschten hier in einer strengen Hierarchie die Götter – wobei Swarog als Vater aller angesehen wurde. Swarog ist es dann auch, der alleine über das vierte Element, das Feuer, gebieten konnte. Die wirkliche Welt und gegenständliche Realität spielen sich in dem eigentlichen Baumstamm, von den Slawen als Jawia bezeichnet, ab. Über diese Gegenwart und damit über die Slawen herrschte der Gott Perun mit seiner Macht über Donner und Blitz. Verstieß ein Slawe gegen göttliche Gesetze oder zeigte sich sonst wie widerspenstig, folgten drakonische Strafen, während die Götterverehrer belohnt wurden. Die unsichtbare und deshalb auch unterirdische Welt des Todes wurde als Nawia bezeichnet und den Wurzeln des Lebensbaumes zugeordnet. Weles,

der Gott der Magie und des Wissens, hatte hier sein Reich, in das alle gottesfürchtigen Slawen aufgenommen wurden. In dem Augenblick des Überganges in das Totenreich wurden den Seelen der Verstorbenen besondere magische Fähigkeiten verliehen, die sie nun wieder nutzen konnten, um den noch nicht Verstorbenen zu nutzen oder auch zu schaden. Durch diesen Glauben entstand natürlich ein besonderer Totenkult, denn die noch lebenden Verwandten konnten auf jenseitige Hilfe rechnen. Auch die Altslawen sahen in absoluter Harmonie und im Gleichgewicht aller göttlichen, menschlichen und natürlichen Kräfte den Idealzustand der Welt. Hierfür hatte der Gott Trojan (auch Triglaw) zu sorgen. Der allsehende Trojan besaß deshalb drei Köpfe mit drei Paar Augen.

Im Kur- und Sagenpark Lübben nehmen Holzstelen Bezug auf sorbische Sagen

Osterfeuer in Schlepzig
Sorbisch / Wendische Trachten

Wer sich für das Leben und die Bräuche der Menschen im Spreewald interessiert, wird schnell die wunderschönen, farbenprächtigen und ebenso kunstvoll wie aufwändig gearbeiteten Trachten der Sorben/Wenden entdecken. Die häufig auf Fotos, Bildern oder im Original zu sehende und als die typische Spreewaldtracht bezeichnete, ist im eigentlichem Sinne gar keine. Diese Tracht wird nur zu Festtagen getragen und ist meist von Ort zu Ort verschieden. Im Alltag tragen nur noch die älteren Frauen eine in der Farbe gedeckt gehaltene Tracht ohne Spitzenschürze und Schultertuch, die Alltagstracht. Die Farbskala der Röcke (Kosula, der Rock) der Festtagstracht ist groß. Dabei steht die Farbe Rot für die ledige Frau. Es ist die Farbe der Jugend, Freude und Liebe. Grün war der verheirateten Frau vorbehalten. Das ist die Farbe der Ehre und Fruchtbarkeit und steht für den Ernst des Lebens. Auch wird man bei der Festtagstracht nie die Farbe Weiß als Rock sehen. Diese stand bis um 1900 für tiefe Trauer. Schwarz ist für den Kirchgang und für religiöse Festlichkeiten vorgesehen. Auch die Farben Blau und Lila werden vermehrt getragen. Verziert ist der Rock von einem mit Blüten (Rosen, Stiefmütterchen, Veilchen) und Ranken besticktem Seidenband, außerdem mit Spitze und Samtband. Da der Rock hinten in superdichten Falten genäht ist, erreichen die Bänder eine Länge von bis zu 3,50 Meter. Das Seidenband wird von Hand bestickt und man kann sich vorstellen, wie lang man daran arbeiten muss. Um die Schultern liegt das pastellfarbene Seidenhalstuch (Cypjel). Es ist ebenfalls mit Blumenranken bestickt und außerdem mit einer Tüllspitze umsäumt. Zu der Festtagstracht wird eine weiße Spitzenschürze und ein farbiges Schleifenband

*Tracht wird zu Festtagen getragen
– hier feiert man in Werben Zapust
(Fastnacht)*

getragen, ebenfalls aus Seide. Damit nichts rutschen kann, werden das Halstuch und das Band mit Nadeln am oberen Teil des Rockes, dem Mieder, befestigt. Mit ungefähr 35 bis 40 Nadeln wird die Tracht so zusammen gehalten. Etwa zwei Stunden benötigt man, ehe die Trägerin der Tracht fertig angekleidet ist – aber das auch nur, wenn Hilfe vorhanden ist: Ankleidefrauen sind Helferinnen beim Anziehen der sorbisch/wendischen Tracht.

In der Gegend um Burg und Werben tragen die Frauen und Mädchen außerdem zur Tracht noch das Kopftuch, die Haube (Lapa). Sie ist die größte Haube im Spreewald. Eine Pappe dient als Gestell, an der das bestickte Seidentuch mit Nadeln befestigt wird. Nur noch Frau Dziumbla aus Burg kann diese spezielle Haube herstellen. Sie besitzt seit 1990 eine Trachtenstickerei. Die beschriebenen Trachten sind sehr aufwändig gearbeitet und nicht zuletzt deshalb trägt die Spreewälderin ihre Tracht mit Stolz. Traditionsbewusstsein und Brauchtumspflege stehen hierbei im Fordergrund. Auch der materielle Wert soll an dieser Stelle nicht unerwähnt bleiben. Zwischen 1.500 und 2.000 Euro muss Frau für eine neue Tracht ausgeben.

DER GURKENRADWEG

Den Radfahrern steht ein weitläufiges, gut ausgeschildertes Netz zur Verfügung

Eine wunderbare Art das Biosphärenreservat kennen zu lernen ist, es mit dem Rad zu befahren. Im Jahr 2001 mit dem Tourismuspreis des Landes Brandenburg ausgezeichnet, initiierten Spreewälder Tourismusexperten das Projekt „Gurken-Radweg". Mit einer Länge von 250 Kilometer führt dieser durch die einzigartige Brandenburger Kulturlandschaft und führt dabei hauptsächlich durch das Spreewälder Biosphärenreservat. Das zu durchradelnde Landschaftsbild wird von den ca. 300 Fließen geprägt, an deren Ufern man entlang rollt. Vorbei an den ausgedehnten, feuchtigkeitsliebenden Erlenwäldern, die zu den größten Mitteleuropas zählen, geht es auf hervorragend ausgeschilderten Wegen weiter, vorbei an malerischen Dörfern und idyllischen Wiesen – während hoch oben Weißstorch, Kranich oder Seeadler kreisen.

Der Radweg führt auch durch größere Orte wie Lübben, dem Tor zum Spreewald, wie es in der Eigenwerbung benannt wird, bis Cottbus. Es wurden unterschiedli-

Märchenhafte Radwege

che Touren erarbeitet, den aber allen gemein ist, dass Anfang und Ende immer von der Bahn angefahren werden (damit auch Ausgangspunkte wie Vetschau oder Peitz). Da sich der Rundkurs bei Lübben und Burg zweimal berührt, kann die doch recht umfangreiche Gesamtstrecke in drei handlichere und überschaubare Rundkurse aufgeteilt werden. Wegen der (fast) durchweg guten Qualität der Radwege und den geringen Steigungen, ist die Tour durchaus auch weniger geübten und trainierten Pedal-Rittern zu empfehlen. Eine ganze Reihe von Hotels, Gasthäusern und Pensionen haben sich auf diese speziellen Gäste eingerichtet und bieten neben ihrem Kerngeschäft (Übernachtungen/Restaurants) auch spezielle Serviceleistungen (Reparaturdienste) an.

Kleinere Dörfer sind im folgenden Streckenverlauf einer „Gurken-Tour" in einer Zeile zusammengefasst, der Beginn in Lübben dient nur als Beispiel.

• Lübben (Schloss Lübben und Schlossinsel)
• Lubolz, Kasel-Golzig, Sagritz
• Golßen
• Rietzneuendorf-Friedrichshof, Brand (kurzer Abstecher), Krausnick, Krausnicker Berge, Köthen
• weiter rund um den Neuendorfer See

Statt über Berge, geht's über „Bänke" im Spreewald

- Alt Schadow, Groß Leuthen (Groß Leuthener See)
- Schlepzig, dann entlang der Wasserburger Spree bis
- Lübben, siehe oben
- Alt Zauche, Neu Zauche, Straupitz
- Burg (Streusiedlung, Bismarckturm, Erlebnisbahnhof)
- Dissen
- Peitz (Hüttenmuseum, Festungsturm, Peitzer Teichlandschaft)
- Cottbus (Branitzer Park, Schloss, Spreeauen-Park, Tierpark Cottbus)
- Werben
- Burg, siehe oben
- Suschow, Stradow
- Vetschau (Wendisch-Deutsche Doppelkirche, Weißstorchzentrum)
- Raddusch (Originalgetreu nachgebaute Slawenburg Raddusch)
- Leipe, Lehde (Lagunendorf, Freilandmuseum, Bauernhaus- und Gurkenmuseum)
- Lübbenau (Altstadt, Schlosspark, Sankt-Nikolai-Kirche, Spreewald-Museum)
- Lübben

DER OBERSPREEWALD

Lübbenau (Lubnjow)

Am Bahnhof von Lübbenau ist bereits eine erste Attraktion zu entdecken – neben dem Servicecenter (Verkauf von Bahn-, Bus- und Kahntickets), findet sich nicht nur ein Fahrradverleih sowie das Concierge- und Dienstleistungsunternehmen „Spreewiesel": In dem schick restaurierten **Bahnhofsgebäude** gibt es auch neben einer, zumindest an diesem Ort nicht vermuteten Cocktailbar – die hier sicherlich auch unvermutet anzutreffende Erlebnispension „Spreewelten": Unter dem Motto „Schlafen im Kunstwerk" werden 12 individuell gestaltete Hotelzimmer angeboten, die alle von verschiedenen Künstlern sehr phantasievoll konzipiert und ausgestaltet wurden. Die Preise sind hingegen moderat – zumal Leihfahrrad, Kahnfahrt und Therme-Besuche enthalten sind.

Vom Bahnhof oder einem Parkplatz kommend, präsentiert sich die Stadt sehr gut ausgeschildert. Auch wenn Lübbenau zu den größten Städten der Region gezählt werden darf, sind mit wenigen Ausnahmen alle touristischen Ziele zu Fuß zu erreichen. Bevor sich der Besucher auf den Weg der Erkundigungen begibt, und damit sich nicht schon vor dem eigentlichen Start eine gewisse Missstimmung einstellt, sollte nachdrücklich erwähnt und bedacht werden, dass die Spreewaldmetropole auch wirklich eine selbige ist – und zumindest in der Hauptsaison ihrem Namen alle Ehre macht: Parkplätze sind also rar, begehrt und wenn vorhanden i m m e r kostenpflichtig. Hinzu kommt, dass in den Jahren 2007/08 auch einige Teile der historischen Innenstadt bautechnisch aufgewertet werden. Was sich für die Fußgänger als lediglich momentanes logistisches Problemchen des Straßenseitenwechsels darstellt, entwickelt sich erfahrungsgemäß für Automobilisten zu staubedingten Ärgerlichkeiten.

Es sind nur wenige Minuten Fußweg vom Bahnhof, und schon ist der zentrale **Marktplatz** fast erreicht: Die **Tourismusinformation** liegt auf dem Weg. Sieht man die Touristeninformation als Nachfolger des Fremdenverkehrsvereins an, so existiert diese bereits seit 1865. Wesentlichen Anteil an der Entwicklung des Tourismus hatte der hiesige Lehrer Paul Fahlisch (1844-1930), der bereits 1882 erste Gruppenreisen durch den Spreewald organisierte. Von der rasanten Nachkriegsentwicklung, die vor allem dem ehemaligen Großkraftwerk mit seinen 5000 Beschäftigten geschuldet war, ist in der wunderschön restaurierten historischen Altstadt mit den fachwerk- und stuckverzierten Bürgerhäusern nichts zu spüren. Das Ensemble zweigeschossige Häuser aus dem 18. und 19. Jahrhundert, das aus reich verzierten Putzbauten und eher einfachen Fachwerkhäusern besteht, geleitet die Besucher förmlich zum Marktplatz und der dort befindlichen **Kirche St. Nikolai.**

Die Kirche St. Nikolai in Lübbenau

Dieses wohl attraktivste Beispiel Dresdener Barockbaukunst wurde nach Plänen zweier sächsischen Festungsbaumeister errichtet. Während das Kirchenschiff in den Jahren 1738-41 nach Plänen von Gottfried Findeisen entstand, geht der Bau des Turmes auf die Entwürfe Christian Friedrich Renners zurück, die 1777/78 realisiert wurden. Besonders prachtvoll ist die original erhaltene Innenausstattung aus dem 18. Jahrhundert, die sämtlich aus Dresdener Werkstätten stammt (Orgel von 1741, verglaste Logen, Altar von 1741, Prunksarkophage und verschiedene Grabsteine, sowie ein großes Wandepitaph von 1765).

Wenige Meter entfernt findet sich das **Spreewaldmuseum**.

Das Spreewaldmuseum in Lübbenau

Die Adresse weist auf die ehemalige Bedeutung des Standortes hin – hier befand sich der Topfmarkt. Dieser Ziegelbau entstand 1850 als Rathaus, wurde ab 1910 als Gericht und ab 1999 für die heutige Nutzung gewählt. Mit dem Gang durch die Ausstellungsräume im Torhaus Lübbenau begeben sich die Besucher auf eine Zeitreise durch die Region Spreewald. Die umfangreiche Schau im Lübbenauer **Torhaus** bietet regionalgeschichtliche Ausstellungen zu der slawischen Wallanlage, der sorbisch/wendischen Kultur, dem Handwerk der Leineweberei, zum Gerichtswesen und Gefängniszellen, der Entwicklung des Fremdenverkehrs und dem Vereinswesen der Einwohner, sowie wechselnde Sonderausstellungen. Eine weitere Ausstellung findet sich im Haus für Mensch und Natur (Schulstraße), die die Entstehung der Kulturlandschaft Spreewald und des Biosphärenreservats zeigt.

Schon Fontane beschreibt das 1315 erstmals erwähnte Lübbenau – oder Lubnjow, wie die wendisch/sorbische Bezeichnung heißt – als Perle des Spreewaldes und vergleicht die Szenerie sogar mit dem englischen Schloss Warwick Castle. Ein deutliches Lob, bedenkt man, dass Fontane ein großer Bewunderer englischer Parklandschaften war. Heutige Besucher können diese Wertschätzung noch leicht nachvollziehen, da sich seit diesen Tagen glücklicherweise nicht allzu viel verändert hat. Über die Mühlenbrücke gelangt man am früheren Rentamt vorbei in den eigentlichen, standesherrschaftlichen **Schloss- und Park**bereich – eine Halbinsel, die früher eine „richtige" Insel, von einzelnen Wasserarmen der Spree umgeben war. Bevor der Besucher auf das eigentliche Gelände gelangt, gilt es noch ein Tor zu passieren. Die in den Mittelfeldern der Torflügel dargestellten Insignien – ein Turm und eine kronengeschmückte Schlange – weisen nicht nur auf die jahrhundertelangen Besitzer von Lübbenau hin, sondern auch auf den Kern vieler Sagen, die sich um die Geschichte der Stadt ranken.

Das Schloss in Lübbenau ist ein exquisites Hotel

Neben der wenig schmeichelhaften **Sage** zur Familie von Lynar – schließlich stammt ihr Vermögen aus einer räuberischen Tat – gibt es zum gleichen Thema eine Erzählung aus der Chronik der Stadt Lübbenau von 1928. Dort, in **„Lynar und das Geschenk der Schlange"**, wird von einer *„sehr schönen, blonden und schlanken Frau"* erzählt, die, von den Wenden geraubt, in Kummer und Verzweifelung starb. Kurz zuvor schenkte sie aber noch einem Jungen das Leben, der nun frei im Wald aufwuchs und mit den Schlangen spielte. Später wurde dieser Lynar genannt, Häuptling aller Wenden und tötete in dieser Eigenschaft einen ebenso bösen wie hinterhältigen Sachsenfürsten. Dann heiratete er dessen Witwe und die Schlangen führten ihn zu einem kleinen Hügel auf einer Insel. Hier fand Lynar *„das alte Wendenschwert und viel Gold"*. Von diesem Reichtum erbaute der Fürst auf eben jener Insel eine Burg. Die Schlangen *„aber hielt er auch fernerhin hoch in Ehren, nahm sie in sein Wappen und befahl, dass alle aus seinem Blute für alle Zeiten die Schlangen schonen und heilig halten sollten"*.

Festungsbaumeister Graf von Lynar

Eine schöne Geschichte, die allerdings mit den historischen Tatsachen wenig in Einklang zu bringen ist. Wo heute das Schloss steht, befand sich bereits im 8. und 9. Jahrhundert eine große slawische Burganlage, deren Reste 1974 freigelegt wurden. Im Jahr 1190 wird die Burg Lübbenau erstmals urkundlich erwähnt. Erst 1621 – und nicht wie die Sage schildert, mit dem Wendenschwerte durch die Tiefen des Spreewaldes streifend – betritt die Familie von Lynar die hiesige Historienbühne und stammte als berühmte Festungsbaumeister ursprünglich aus Italien. Heraldiker (Menschen, die im Entschlüsseln von Wappen ihre Berufung gefunden haben) erklären aus dieser Herkunft auch einen Teil des Lynar'schen Familienwappens: Die dort abgebildete Leinblüte weist auf die Toskana hin. Wie und wann sich die gekrönte Schlange in das Wappen schlängelte, ist hingegen völlig unbekannt – wenn man von den erwähnten Sagen einmal absieht. Wie die Burg oder vielmehr das zu dieser Zeit bestimmt schon zu wohnlicheren Zwecken im Renaissancestil umgebaute Schloss ausgesehen hat, ist nicht überliefert. Sein heutiges Aussehen geht auf Umbauten im Jahre 1817 zurück und ist den Plänen des Leipziger Professors Karl August Benjamin Siegel (1757-1832) zu verdanken. Auf den alten Fundamenten entstand ein schmaler, hoher Mittelbau mit zwei, fast rechtwinklig anstoßenden Sei-

Schloss Lübbenau - Die Orangerie

tenflügeln. Zusätzlich gliedern Linsenen und Pilaster die Gesamterscheinung des Gebäudes sehr klar. Die beiden Türme, die heute das Ensemble beleben und bestimmen, fehlten zu diesem Zeitpunkt noch und wurden erst 1839 nach Plänen des Architekten Homann hinzugefügt. Obwohl die gräfliche Familie bereits Anfang der 1930er Jahre ihren ständigen Wohnsitz im nahe liegenden Schloss Seese nahm, verblieben die seit Jahrhunderten gesammelten Kunstwerke und Möbel in Lübbenau und wurden zu einem öffentlich zugänglichen 18 Räume umfassende Schlossmuseum zusammengefügt. Im Januar 1944 nahm die Sammlung wegen eines Feuers, das den Dachstuhl im Mittelhaus und einen Turm zerstörte, erheblichen Schaden. Erst 1950 bildeten die erhaltenen, nicht konfiszierten und nach der Enteignung der Familie zu Lynar in Lübbenau verbliebenen Kunstwerke den Grundstock des in der ehemaligen Gerichtskanzlei untergebrachten Heimatmuseums – dessen Leiter bis zu seinem Tode: Wilhelm Graf zu Lynar. Ein anderer Graf soll hier noch erwähnt werden. Getreu dem Familienwahlspruch „Gerechtigkeit, Tapferkeit und Menschlichkeit" hatte Graf Wilhelm Friedrich zu Lynar als persönlicher Adjutant des Generalfeldmarschalls von Witzleben Anteil an den Vorbereitungen zum Attentat auf Hitler. Der junge Graf wurde dafür am 29. September 1944 hingerichtet. Ein schlichtes Holzkreuz in der Nikolaikirche zu Lübbenau und eine Gedenktafel am Schloss erinnern daran. Das Schloss wurde von den Nazis 1944 enteignet, war Lazarett, dann zur DDR-Zeit Krankenhaus, Kinderheim und EDV-Schulungszentrum, bevor es nach der Wende 1991 wieder an die Familie fiel, die kräftig investierte und Schloss Lübbenau zu einem Hotel ausbaute. Die alten Mauern wurden zu einem ebenso respektablen wie komfortablem Vier-Sterne-Hotel ausgebaut, wobei kein Zimmer (Suite, Turm, Mansarde) dem anderen gleicht. Eine romantische Besonderheit des Schlosses: Das Standesamt befindet sich im Haus und die frisch Vermählten können nach der Zeremonie auf ein Balkonzimmer hinaustreten und sich von Freunden und Familie bejubeln lassen. Die um 1820 erbaute Orangerie wurde zum offenen Restaurant umgebaut.

In der malerischen Kulisse des 1820 angelegten Landschaftsparks finden im Sommer gut besuchte Open-Air-Kino-Nächte statt – auch zur Freude der sich unmittelbar an den Park anschließenden Campingplatztouristen.

„Sobald man die Bahnsperre passiert hat, nehme man den Stadtplan zu Hand und lasse sich nicht durch die sogenannten Fährleute beeinflussen, die meistens nicht gerade einen vertrauenserweckenden Eindruck machen und dem Publikum in aufdringlichster Weise K a h n p a r t i e n anpreisen." (Hoffmanns Reiseführer 1910) Natürlich sind die heutigen, fast 300 Kahnkapitäne nicht mehr so hartnäckig, brauchen sie auch zumindest in der Hochsaison nicht. Wer hier mit größeren Reisegruppen oder Familien starten möchte, sollte unbedingt vorher reservieren. Die Häfen sind zentral gelegen und überall sehr gut ausgeschildert. Es werden eine ganze Reihe von themenbezogenen Fahrten angeboten, die bis zu neun Stunden dauern können. Sehr zu empfehlen sind die nächtlichen Erlebnisfahrten (im August) der **„Spreewälder Lichtnächte"** mit Feuer, Wasser, Konzerten und Shows. Gäste werden während der einstündigen Kahnfahrten mittels Lichteffekten und dezenten Toninstallationen verzaubert, während Natur, Häuser, Brücken und Bäume schon fast ein wenig mystisch in Szene gesetzt werden. Ebenfalls am Großen Hafen finden traditionell im Juli und August die „Spreewaldkonzerte, Sommerklassik für Genießer" statt, die zu den kulturellen Höhepunkten der Saison gehören dürften. (Infos: Spreewald- Tourismusinformation Lübbenau e.V.).

Etwas außerhalb der Stadt (südwestlich hinter dem Bahnhof gelegen), befindet sich der alte Friedhof, auf dem ein **Skulpturenpark** eingerichtet wurde. Die von Studenten der Berliner Kunsthochschule Weißensee geschaffenen Skulpturen fügen sich harmonisch in die bestehende Parkanlage ein und sind einen Spaziergang wert.

Nun ein Hinweis für die, hoffentlich sehr raren, Regentage: Relaxen unter Palmen im Spreewald? Die Seele baumeln lassen und Körper, Geist und Seele in der römischen Therme, in der Sauna, im osmanischen Hamam oder bei einer entspannenden Massage verwöhnen lassen? In dem Badeparadies **„Spreewel-ten"** (früher als „Kristall"-Freizeitbad bekannt) ist das kein Problem. In einem ganzjährig nutzbaren Außenbecken gibt es eingebaute Unterwassermassagedüsen und -liegen. Etwas für echte Genießer. Für den eher aktiveren Typ gibt es die zwei Riesenrutschen, der Strudelkanal, das Wellenbad oder die von Montag bis Freitag vier mal täglich kostenlose Wassergymnastik. Auch an die Kleinsten ist gedacht. Ein extra Eltern-Kind-Bereich mit vielen Wasserspielmöglichkeiten lässt keine Zeit für Langeweile. Eine große Saunawelt ergänzt das Angebot.

Wer durstig ist – der ist in der **Brauhausgasse** sicherlich richtig. Verheißt der Straßenname doch Labsal nach langen Spaziergängen durch sommerlich erhitzte Gassen. Und richtig! Hier ist Name gleich Gewerbe – Lübbenau ist eben ehrlich! Das hiesige, 1677 erstmals erwähnte Brauhaus, ist das letzte von ehemals 61, die ihre Biere bis nach Kopenhagen lieferten. Das Brauhaus/Pension Erich Babben braut nicht nur als letztes ihres Gewerbes hier Bier, sondern schenkt es in einer mit vielen Utensilien aus altem Brauhausinventar dekorierten Gaststube aus. Im Sommer wird die kleinste Brauerei Brandenburgs durch einen rustikalen Biergarten erweitert.

AUSFLUGSEMPFEHLUNGEN

• Sowohl mit dem Kahn als auch per pedes: 3,4 Kilometer sehr gut ausgeschilderter Weg zur **Wotschofska**, einem traditionellen Ausflugslokal, das bereits 1894 eröffnet wurde und bis 1911 ausschließlich auf dem Wasserwege zu erreichen war. Auf insgesamt 14 Brücken, die man hier Bänke nennt, und Stegen werden zahlreiche, malerische Wasserläufe überschritten. Mit dem Erreichen des Lübbenauer Bürgerwaldes ist auch bald die Wotschofs-ka, die herrlich eingebettet im Hochwald liegt, erreicht. Direkt am Wasser, unter mächtigen, uralten schattenspendenden Erlen: Biergarten, Jäger- und Fischerstube mit bester spreewälder Gastlichkeit.

• Das **Gurkenmuseum** Dolzke liegt auf dem direkten Weg und nur wenige Meter vor und auf dem Weg nach Lehde entfernt. Eigentlich ist das Museum ein Bestandteil der Hotelanlage Starick, besteht aus einigen Ständen und ist doch eher als Ausstellung oder Schau der namensgebenden Frucht verpflichtet. Die gesamte Anlage befindet sich auf einer Halbinsel und ein kleiner Abstecher lohnt sich sicherlich.

Mückenvertreiber im Spreewald

Lehde (Lédy)

Es sind nur wenige Minuten Fußweg, dann ist man aus dem Lübbenauer Zentrum hinaus und steht buchstäblich im Wald. Eine beschauliche, von seltenen und liebevoll mit Hinweisschildchen versehene Baumallee führt nach Lehde – ein unbedingtes Muss für jeden Spreewaldgast. Als Lehde noch kein Ortsteil von Lübbenau war, wanderte der Berufsreisende Theodor Fontane 1859 durch das Dörfchen: *„Es ist die Lagunenstadt in Taschenformat, ein Venedig, wie es vor 1500 Jahren gewesen sein mag, als die ersten Fischerfamilien auf seinen Sumpfeilanden Schutz suchten. Man kann nichts Lieblicheres sehen als dieses Lehde, das aus ebenso vielen Inseln besteht, als es Häuser hat.“* An diesem 150 Jahre alten Bild scheint sich kaum etwas verändert zu haben – lediglich die heutigen Touristenströme und die vollbesetzten Spreewaldkähne gab es damals noch nicht.

Beim Freilandmuseum Lehde

Außerdem wurden die angesprochenen Kanäle innerhalb der Ortschaft in schmale Straßen umgewandelt. An die einzelnen Kaupen (einst wasserumflossene Sandhügel, auf denen die Wohnhäuser standen) erinnern heute noch die Namen der Straßen. In der Kaupenstraße findet sich dann auch ein echtes Spreewälder Original, das man kaufen kann: Wer einmal die scharfen Seiten des Spreewaldes erleben will, der sollte die Senfvariationen der **Spreewälder Senfmanufaktur** versuchen. In der Familienmanufaktur mitten im Herzen des

Spreewaldes werden natürlich nur frische Produkte aus der Region verarbeitet. So entstehen in dem kleinen Haus in Lehde seit 1946 nach alten und neuen Rezepten mit viel Liebe und Handarbeit scharfe Spreewälder Spezialitäten. Verwendet werden traditionell naturbelassene, nicht entölte Senfsaaten. Damit enthält der so hergestellte **Senf** noch alle ätherischen Öle, die seine heilende und verdauungsanregende Wirkung unterstreichen – Wirkungen, die schon die alten Römer schätzten. Wenige Meter weiter, in der Dorfstraße 11, befindet sich die Werkstatt der Familie Koal, in der schon seit mehr als 100 Jahren einem speziellen spreewälder Handwerk nachgegangen wird: Hier werden die Boote für den Spreewald gebaut. Eine Bootswerft im Spreewald heißt natürlich **Kahnbauerei** – denn neben Tischen, Stühlen, Staken und Paddeln werden hier die für die Region typischen Kähne gebaut. In Karl Koals Firma geschieht dies in langer Familientradition. Bereits 1884 lief der erste Kahn vom Stapel. Aus diesem Jahr stammen auch die Materialien, aus denen die Kähne heute gebaut werden: 120 bis 140 Jahre müssen die Kiefern-Hölzer alt sein, die dann nach den historischen Schablonen und noch im alten Fuß-Maß traditionell über dem offenen Feuer gebogen und zu den schlanken und formschönen Spreewaldkähnen zusammengefügt werden. Technische Innovationen hat es nicht gegeben, da diese einfach nicht notwendig wurden. Eine einzige Neuerung hat es gegeben – die Kähne werden auch in einer Aluminium-Version angeboten. Aber welcher Spreewaldgast will schon in so einer Wanne über die Fließe gestakt werden!

Im Freilandmuseum Lehde kann man sich auch Anregungen für Zuhause holen

Wer das Handwerk genauer kennen lernen will, muss den Meister nicht bei seiner Arbeit stören – dem sei das wenige Fußwegminuten entfernte **Freilandmuseum** empfohlen. Hier befindet sich die Originalwerkstatt der Familie Koal, die bis 1905 betrieben wurde und in der auch noch zu Demonstrationszwecken gearbeitet wird. Bevor ein weiterer touristischer Glanzpunkt von Lehde erreicht werden kann, soll noch ein eher durch den originellen Namen als durch das Niveau der Küche sich hervorhebendes Restaurant erwähnt werden. „Zum glücklichen Hecht": Vor dem eigentlichen Entre geht es linker Hand in eine kleine, nette Ausstellung zum Fisch an sich und aus der Region im Besonderen. Wessen Appetit dann über den Wissenshunger hinausgeht, der will wahrscheinlich auch den namensgebenden maritimen Räuber auf den Teller. Aber: Kein Hecht weit und breit! Die Auflösung des Rätsels gibt auf Nachfrage der Kellner: „Eben weil der Hecht nicht auf der Karte steht, ist er ein glücklicher", so die überraschende Antwort. Ein wunderbarer Blick vom Tisch direkt am Fließ und auf die vielen vorbeistakenden Kähne entschädigt dann für den entgangenen Genuss. Derart verwöhnt, kann es dann wieder wenige Meter weiter gehen – in das **Freilandmuseum Lehde**, das einzigartige denkmalgeschützte Museumsensemble mit drei typischen Bauernhöfen aus allen Teilen des Spreewaldes. Der erste Hof aus dem Spreewalddorf Lehde besteht aus einem begehbaren Wohn-Stall-Haus nebst großem Familienbett, einem Schweinestall, einem Backhaus mit Lehm-Innenofen und einer Meerrettichreiberei.

Einblick in die Vergangenheit erhält man in Lehde

Der Hof aus der Gemeinde Burg zeigt ein historisches Doppelstubenhaus, ein Stallgaleriebau mit Mägde- und Futterkammer, eine große Stallscheune mit Knechtekammer und einen regional typischen Kahnschuppen. Schließlich wurde auf dem Gelände noch ein originaler Spreewaldrandgebietshof aufgebaut, der aus einem großen Fachwerkwohnhaus, dem Altenteil mit schwarzer Küche, einer großen Stallgalerie und einem Taubenschlag besteht. Eine Kulturscheune vervollständigt dann das Ensemble. Hier finden u.a. Lesungen und Konzerte statt. In den verschiedenen Häusern sind historische Trachten, eine Kahnbauerei und eine Gurkenbude untergebracht. Neben Naturkunde und historischem Handwerk sind hinter den jeweiligen Häusern angelegte Heilpflanzen- und Kräutergärten zu betrachten. In allen Gebäuden beantworten überaus freundliche und kompetente Mitarbeiter des Museums die Fragen der Besucher.

Leipe (Lipje)

Leipe ist ein kleines Dorf, gemeindeamtlich als Ortsteil Lübbenaus geführt, und am besten zu Fuß zu erreichen. Erst seit 1936 ist ein Fußweg (heute Europawanderweg „E 10"), zwischen Lübbenau und Leipe vorhanden und eine Straße nach Burg existiert sogar erst seit 1969. Vom Lübbenauer Zentrum sind es ca. sieben Kilometer – per Automobil ist die Strecke wesentlich länger, weil das einstige Fischerdorf von zwei Spreeläufen umgeben ist und damit auf einer Insel steht. Das Dorf wurde Ende des 14. Jahrhunderts von Sorben gegründet und 1315 erstmalig urkundlich erwähnt. Dabei nutzten sie eine zwei Meter hohe Anhöhe mit 400 mal 800 Metern Ausdehnung, die bis Mitte der 1930er Jahre ausschließlich per Kahn zu erreichen war. Somit war die Spree die damalige Hauptstraße. Das zweisprachig ausgeführte Ortseingangschild weist auf den niedersorbischen Namen Lipje, zu Deutsch Linde, hin. Das Dorf ist in einer Rundbebauung angelegt. Die typischen Stall-Wohngebäude erreichen nicht selten eine Länge von 20 Metern und zeigen mit dem Giebel Richtung Spree. Die Ursache dieser ungewöhnlichen Bebauung ist in einer Brandkatastrophe von 1771 zu suchen: Nach dem Feuer wurden die heutigen Häuser aus Sparsamkeitsgründen so gebaut, dass der gesamte Besitz (inklusive Vieh) unter einem Dach beherbergt werden konnte – nur die Backöfen blieben draußen. Die 160 Einwohner Leipes leben heute vom Tourismus, betreiben aber nach wie vor den Anbau von Gurken, Meerrettich und Zwiebeln. Und natürlich wird noch immer der **Fischfang** gepflegt. Längs der Ufer sind nach wie vor die Fischkästen zu sehen, in denen die gefangenen Hechte, Barsche oder Karpfen nach dem Fang und vor dem Verzehr bzw. Verkauf lebend aufbewahrt werden.
Obwohl es keine besonderen Sehenswürdigkeit gibt, zieht es jedes Jahr die Erholungssuchenden hier her: Das beschauliche Örtchen bietet Idylle pur. Selbst in einer Zeit, in der die Lübbenauer Kahnfahrer und Ausflugslokale förmlich von

Noch immer wird Fischfang betrieben

den Touristen gestürmt werden, gibt es hier Ruhe: Beschaulich trocknen windgeschaukelte Fischernetze in der Sonne, bellen Hunde und krähen Hähne. In dem Dorf am Leiper Weggraben gibt es eine kleine **Heimatstube**, die im ausgedienten Schulgebäude untergebracht ist und Schaustücke wie historische Trachten und Gerätschaften aus der Dorfgeschichte zeigt. Natürlich gibt es auch einen **Kahnfährhafen**. Im Osten der Insel gelegen, kann von hier aus zu ein- bis dreistündigen Touren aufgebrochen werden. Die Touren nach Lehde dauern sogar fünf, in den nördlichen Hochwald bis zu acht Stunden. Mit der Wiedereröffnung des Spreewaldhotels im September 1992 ist gute Hoteltradition in das malerisch gelegene Örtchen Leipe zurückgekehrt. Bereits in der Mitte des 19. Jahrhunderts wurde mit der Eröffnung einer Gaststätte den Wünschen der ansässigen Bevölkerung entsprochen. Um den Anforderungen des aufkommenden Tourismus gerecht zu werden, erfolgte 1924 der Bau eines komfortablen Hotels, dessen liebevolle Einrichtung und idyllische Lage das Haus schon bald zu einer gastlichen Adresse weit über den Spreewald hinaus bekannt werden ließ.

Nur einmal im Jahr wird die Stille in Leipe unterbrochen: Am letzten Sonnabend im Juli geht es im Dörfchen hoch her – dann feiern die Jäger und Fischer ihr großes **Dorffest**; und feiern können die Leiper wirklich! Wer nicht auf dieses Datum warten will und wem trotzdem ein bisschen nach feiern zumute ist, dem sei ein ganz besonderes Lokal empfohlen: Die **Pohlenz-Schänke** gilt als das älteste Ausflugslokal des Spreewaldes. Bereits 1640 konnten Jäger im nördlich von Leipe gelegenen „Etablissement" ihren Durst löschen. Das heutige Lokal wurde von dem namensgebenden Christian Pohlenz einhundertfünfundzwanzig Jahre später erbaut und 1850 nach Plänen des damaligen Stararchitekten Schinkel umgebaut; der „Wendensaal" geht auf diese Pläne zurück. Noch eine Besonderheit ist anzumerken: das sehr beliebte Ausflugsziel (bitte vorher reservieren!) ist ausschließlich in der Saison geöffnet – ab Ostern (bzw. 1. April) bis zum 31. Oktober. In entgegengesetzter Richtung (also südlich von Leipe), befindet sich eines der wenigen Hotels mit einer sehr lange zurückreichenden Historie, die von einer wirksamen PR-Story begleitet wurde: Nach dem großen Mühlensterben zu Beginn des 20. Jahrhunderts verschwanden viele Mühlen mit fortschreitender Technik; ihr „nährender" Zweck indes blieb manchmal erhalten, nur in anderer Weise. Mit dem aufstrebenden Fremdenverkehr wandelten sie sich zu gut gehenden Gaststätten, Herbergen, beliebten Ausflugslokalen. Oft fiel das gar nicht schwer – hatten doch bereits die alten Müllersleut' vielfach Schank- und Brennrechte.

So verhielt es sich auch mit der 300 Jahre alten **Dubkow-Mühle** am Eingang zum Spreewalddorf Leipe. Bis 1919 klapperte hier noch das Mühlrad „am rauschenden Bach". Das Gütesiegel der Mühle, die sich seit Mitte des 18. Jahrhunderts mehr und mehr auch zur beliebten Einkehrstätte mauserte, prägten ganze Generationen der Familiendynastie Konzack – und dies bis auf den heutigen Tag. Umkränzt von Schnurren und Sagen, ist das Haus im Spreewald eine einzige Legende. So soll Onkel August im Keller der Mühle einen riesigen, sechs Zentner schweren Ochsenfrosch gehalten haben. Onkel August, ein Spreewaldoriginal aus dem vergangenen Jahrhundert, erzählte von diesem Ungetüm: Am Tage bewachte der Frosch die Fische und in der Nacht zeigte der freundliche Monster-Lurch den heimkehrenden und wohl leicht alkoholisierten Mühlengästen der Weg. Einmal, so erzählt Onkel August, soll der Frosch einen ebenso mutierten Riesenhecht gefangen haben, indem er ihm ein Halfter umwarf und sich, auf einem Kahn sitzend, von dem Fisch bis nach Lübbenau ziehen ließ. Fabeln belebten immer schon das Geschäft. Mitunter hatten sie auch einen ganz realen Hintergrund. So besaß die Schleuse an der Dubkow-Mühle Falltore. Die Gegengewichte am Tor hießen „Frosch" und waren, so wie das Konzacksche Fabelwesen, eben genau sechs Zentner schwer.

Vom Mühlwerk ist heute nichts mehr geblieben, vom Mühlengebäude schon, das sich in einer großen naturgegebenen Gartenanlage als malerischer Fachwerkbau in den Farben beige-braun, eingebettet in ein Spreewaldszenario mit Fließ, Hochwald und saftigen Weiden, zeigt. Hier ist die Welt noch heil und in Ordnung. Unter uralten Eichen und Linden liegt die „Mühle", umgeben von mehreren Pensionshäuschen, die aus den Bäumen hervor lugen, regionaltypisch riedgedeckt als Ziegelbau oder als Blockhütten. Hier laden 22 Einzel- und Doppelzimmer oder Suiten, zu einem zünftigen Spreewaldurlaub ein.

Straupitz (Tšupc)

Das 1294 erstmals erwähnte Straupitz ist vor allem durch die im Ortsmittelpunkt befindliche **Schinkelkirche** bekannt. Sie ist die bedeutendste Dorfkirche des

Die Schinkel-Kirche in Straupitz

Spreewalds.

Die jetzige Kirche ist bereits die dritte in Straupitz. Über den ersten Bau ist wenig bekannt: Sie wurde bei einem Brand 1624 zerstört. In den Jahren 1657/58 wurde eine zweite Kirche, ein Holzfachwerkbau, errichtet. Schließlich wurde die jetzige Kirche mit ihren 40 Meter hohen quadratischen Zwillingstürmen nach Plänen des Architekten Karl-Friedrich Schinkel (1781-1841) zwischen 1828 und 1832 im Stil einer altrömischen Basilika errichtet.

Was an der Straupitzer Kirche auffällt, ist in erster Linie nicht die Größe, sondern die Bauart. Die **Straupitzer Kirche** ist im Stil des Klassizismus errichtet. Schinkel, der bei seinen Italienreisen von den dort vorgefundenen antiken Gebäuden beeindruckt war, wollte das Gesehene umsetzen: Einfachheit (schlichte, einfache Formen), Helligkeit und Monumentalität kennzeichnen die von ihm entworfene Kirche in Straupitz. Sie ist damit ein typisches Beispiel für den Klassizismus. Die fünf Bilder im Altarraum sind von den Dresdener Malern Matthäi und Baehr gemalt worden. Diese gehörten zeitweilig

zur Gruppe der „Nazarener", die religiöse Motive bevorzugten. Die Bilder zeigen von links nach rechts: Johannes, den Täufer; den Apostel Petrus, Jesus Christus, den Jünger Johannes und den Apostel Paulus. Die Leuchter kamen 1882 in diese Kirche; der Taufstein stammt aus dem Jahre 1907. Die Grabsteine stammen aus der Vorgängerkirche und wurden 1995 restauriert. Die Orgel wurde 1832 von Friedrich Morgenstern in Guben gebaut, 1853/54 von Ludwig Hartig, Züllichau, wesentlich umgebaut und erweitert. Nach einem Umbau 1892 von der Firma Sauer, Frankfurt/Oder, wurde die Orgel 1992/93 von der Firma Scheffler, Sieversdorf, restauriert.

Dieses Werk des Klassizismus ist die bedeutendste Kirche des gesamten Spreewaldes und bietet ca. 1000 Personen Platz. Schon um 1880 wird von ersten Problemen mit dem Fundament berichtet; die sich etwa 1930 durch Grundwasserabsenkungen im Spreewald verstärkten. Den weitaus größeren Schaden erlitt das Gebäude jedoch in den letzten Apriltagen 1945 bei Kämpfen zwischen deutschen und russischen Truppen. Nach Kriegsende erfolgten notdürftige Reparaturen. In den 1960er Jahren konnte die Kirche aus Mitteln der Kirchengemeinde innen restauriert werden. Nach der Wende konnte 1992/93 eine Grundinstandsetzung (Fundamentarbeiten, Dacherneuerung, neuer Putz, neue Fenster und umfangreiche Arbeiten im Inneren) dieses Gotteshauses erfolgen. Am 3. Oktober 1993 – Erntedanksonntag und Tag der Deutschen Einheit – wurde die Kirche wieder eingeweiht.

Außerhalb der Führungszeiten ist bei gutem Wetter eine „Sommertür" installiert, durch deren Gitter man fast den gesamten Kirchenraum betrachten kann. In den Sommermonaten ist die Kirche von Dienstag bis Freitag um 11:00 und um 15:00 Uhr jeweils für eine Stunde geöffnet. Auch im Anschluss an den Sonntagsgottesdienst kann die Kirche besichtigt werden. Der linke Turm konnte mit einer neuen Treppenanlage ausgestattet werden, so dass er nun während der Führungen als Aussichtsturm genutzt werden kann.

Von dort aus sieht man auch den 12 Hektar großen **Schlosspark**. Neben Ruhe und Entspannung finden die Besucher hier auch Bäume aus allen Teilen der Welt. Das 1200 Einwohner zählende Dorf hat zudem noch eine sehr sehenswerte Mühle zu bieten, die jährlich einige Tausend Besucher anzieht. Die **Straupitzer Holländermühle** aus dem Jahr 1810 ist die letzte und einzig verbliebene Dreifachmühle Europas. Und hier wird sogar noch ganzjährig gearbeitet. Unter einem Dach finden sich hier Mahl-, Öl- und Sägemühle, die von einem rührigen Mühlenverein erst aufwendig restauriert und jetzt betrieben wird. Das technische Kleinod sägt mit einem urigen, seltenen Horizontalgatter Baumstämme bis zu einem Meter Dicke und presst mit einer 100-jährigen Technik beinahe täglich das berühmte **Spreewaldleinöl**, das dann vor Ort, und nur hier, verkauft wird. Die Mühle ist ganzjährig geöffnet. Für eine Mühlenbesichtigung mit Erklärungen und Leinölverkostung ist ein geringes Eintrittsgeld zu entrichten. Das täglich frische Leinöl wird im schmucken Müllerhaus verkauft, welches zugleich als Café dient. Wer etwas Geld sparen will, kauft das vorzügliche Leinöl lose, bringt also eigene saubere Flaschen mit. Zum Ende eines Bummels durch Straupitz noch ein wenig Kultur, zu finden im Alten Bahnhof, in der Werkstatt des Holzbildhauers Jan Brehmer.

Ohne Boot geht nichts in Burg

Burg (Borkowy)

Der kleine Ort scheint von außen recht unscheinbar, ein Besuch lohnt sich aber wirklich, denn das touristische und kulturelle Angebot dieses „Dörfchens" ist höchst erstaunlich! Hier, wo der Spreewald in seinem Herzen am ursprünglichsten geblieben ist, liegt das idyllische Burg (Spreewald). Etwa 300 natürliche Wasserläufe, weitläufige Wiesen, Felder und noch gut erhaltene Bauerngehöfte bestimmen das Ortsbild dieser Streusiedlung. Seit 2005 ist Burg staatlich anerkannter Ort mit Heilquellen-Kurbetrieb. Auch wenn es auf den ersten Augenblick erstaunlich wirkt: Burg ist eine der größten Gemeinden Deutschlands. Inmitten eines weit verzweigten Systems von Fließen liegt dieser Ort, der aus drei Ortsteilen besteht. Schon im Jahre 1960, bei der damaligen Gemeindegebietsreform, wurde aus den drei Orten, Burg Kauper, Burg Kolonie und **Burg Dorf** eine Gemeinde Burg. Diese alten Ortsteilbezeichnungen sind heute noch in Gebrauch. Viele ältere Einwohner fühlen und denken, auch heute noch, in diesen Grenzen. Urkundlich wurde Burg erstmals im Jahre 1315 erwähnt. Aus dieser Zeit stammt auch der damals urkundlich festgehaltene Begriff „Spreewald" für dieses zusammenhängende Gebiet von Erlen, Eichen und Eschenwäldern. **Burg Kauper** wurde erstmals 1725 als selbständige Streugemeinde, bestehend aus vielen kleinen Bauernwirtschaften, erwähnt. **Burg Kolonie** wurde, durch die Ansiedlung von Hugenotten-Familien, zu Zeiten Friedrich des II. um 1750 gegründet. Diese Ansiedlung brachte viel Handwerk und Gewerbe in den zuvor nur von Landwirtschaft geprägten Raum um Burg. Ebenfalls aus dieser Zeit stammen Begriffe wie „Leinenweberfließ" – einige Fließe im südlichen Burger Raum, an denen viele Leinenweberfamilien siedelten oder auch die „Bleiche" – in ihr wurden die Leinenstoffe gebleicht, wie auch die „Fabrik" – eine den Manufakturen ähnelnde Ansammlung von leinewanderzeugenden Kleinstbetrieben, deren Waren von einem ortsansässigen Händler direkt aufgekauft wurden. Bereits 1908 schipperten dann die ersten organisierten Touristengruppen über die Fließe. Drei Jahre später entstand der erste Kahnfährhafen, von dem es heute in Burg acht gibt.

In Burg gibt es aber noch viel mehr zu entdecken, als ruhige Natur und die Kahnfahrten auf den Fließen. Das Extravaganteste zuerst: In diesem zwar geschichtsträchtigen, aber sonst doch erst einmal unscheinbaren Örtchen gibt es ein SPA & Ressort Hotel! Ein einstiges Ausflugs- und späteres Erholungshotel beherbergt jetzt Individual- und Tagungsgäste, die es sich leisten können: Landtherme mit Außenbecken, Innenpools, Kaminfeuer, Saunen, Solarien, Massageräume und Restaurants, die Kritiker und Fachleute gleichermaßen begeistern.

Unweit der Nobelherberge führt ein geschwungener Weg zu dem sehr gepflegt wirkenden, reetgedeckten spreewald-typischen Blockhaus, in dem sich eine kleine, aber feine Ausstellung befindet: „Willkommen lieber Gast, tritt ein, gib mir die Hand und bringe Glück." So lautet der Willkommensgruß der **Heimatstube** in der Nähe des Hafens I und dem ortsansässigen Fremdenverkehrsbüro. Auf dem Originalen nachgestalteten Hof mit Ziehbrunnen und Galeriehaus, das 1996 eröffnet wurde, gewährt die Ausstellung interessante Einblicke in das geschichtsträchtige und sagenumwobene Burg, die Ur- und Kirchengeschichte, Haus und Landwirtschaft und präsentiert sorbisch/wendische Trachten. Wechselnde Ausstellungen zeigen ein Bild aus dem früheren und heutigen Leben in Burg. Zum Heimatstubenfest am ersten Augustwochenende werden Brauchtum und Geschichte im Dreiseitenhof am Spreehafen lebendig. Unmittelbar in der Nähe gelegen, ist die evangelische **Kirche** ein echter Blickfang. Farblich auffallend, mit einer adlergekrönten Säule davor, gehört die evangelische Kirche in Burg Dorf zu den geöffneten Kirchen im Land Brandenburg. Nach der Grundsteinlegung 1799 wurde sie 1804 eingeweiht. Davor stand an dieser Stelle eine einfache Fachwerkkirche, die ein Opfer der Flammen wurde. Die Burger haben sich mit ihrem Neubau eines der schönsten Gotteshäuser der gesamten Region geleistet: Viel Farbe und Ausstattung im Inneren, wie z. B. die beeindruckenden, doppelstöckigen Emporen, ein Kanzelaltar von 1865 und einer Taufe aus dem Jahr 1876. Die Orgel mit ihren 1800 Pfeifen stammt hingegen von der Firma Sauer und wurde erst 1973 eingebaut. Auffallend in der Kirche sind auch die farblich sehr prächtig gestalteten Kirchenfenster. Regelmäßig finden in der Kirche Gottesdienste und Konzerte statt.

In einem weiteren Gebäude ist Kunst zu erleben: Das **Haus der Begegnung** als multifunktionales Gebäude lädt ein zu Kleinkunstveranstaltungen unterschiedlicher Genres.

Eine Dauerausstellung zur Preußischen Besiedlungsgeschichte in Burg (Spreewald), ein hydrologisch-geologisches Kabinett und die Spreewaldbibliothek „Mina Witkojc" stehen den Besuchern ebenfalls offen.

TRADITIONELLES HANDWERK IN BURG

Durch die Abgeschiedenheit der einzelnen Spreewalddörfer wurde fast alles, was man in Haus und Hof an Dingen benötigte, von Handwerkern des Dorfes selbst hergestellt. Dies reichte vom Kahnbauer, über Schmied, Schneider, Tischler, Böttcher, Pantoffelmacher bis hin zum Korbflechter. Einige dieser alten Handwerkstraditionen haben sich bis heute in Burg erhalten und es lohnt sich, den Meistern über die Schulter zu schauen.

Töpferei Piezonka

Wer sich für das Töpfergewerbe interessiert, ist hier an der richtigen Adresse. Seit 1985 betreibt Frau Piezonka das Töpfereigewerbe und hat sich ihre Werkstatt in einem ehemaligen Backhaus eingerichtet. Aus simplem Ton entstehen wunderschöne, spreewaldtypische Keramikgegenstände, die natürlich auch käuflich erworben werden können. Die Töpferei fertigt Gebrauchsgegenstände und Ziergeschirr mit älterem rustikalem Flair: traditionell mit braun-beiger Lehmglasur. Jedes Stück ist ein Unikat: Kuchenformen, Flaschen, Krüge und Tassen wie sie bis in die vierziger Jahre des letzten Jahrhunderts fast ausschließlich üblich waren. Des Weiteren werden sorbisch/wendische Ostereier, Spreewaldliteratur, Trachtenpuppen, Malerei und Grafik angeboten.

Holzpantoffelmacher Karolczak

1909 wurde der Familienhandwerksbetrieb der Pantoffelmacher Karolczak gegründet. Heute werden dort noch immer, nun schon in der dritten Generation, Holzpantoffel hergestellt. In einer Schauwerkstatt kann man dem Meister bei der Arbeit zuschauen und viele lustige Anekdoten über die Pantoffel erfahren. Selbstverständlich kann man diese auch käuflich erwerben.

Spreewald-Mosterei Jank

Die Spreewald-Mosterei in Burg ist ein Betrieb mit über 40 Jahren Tradition. Bei einer Besichtigung ist es möglich, die Verarbeitung der heimischen Früchte, wie z. B. Äpfel, Birnen, Erdbeeren, Kürbisse, bis zur Abfüllung in die Flasche zu verfolgen.

Trachtenstickerei

In der Trachtenstickerei Dziumbla schaut man den Trachtenstickern bei ihren aufwendigen Stickereien an den sorbisch/wendischen Trachten zu. Eine Ausstellung zeigt alte und neue Trachten. Natürlich werden auch Teile von Trachten, gestickte Bilder, Schleifenbänder mit Sprüchen, Spreewaldpuppen in verschiedenen Burger Trachten und sogar Bienenhonig verkauft.

Nach einem Besuch der traditionellen Handwerker sollte dann ein genüssliches Ausspannen erlaubt sein. Auch in dieser Richtung bietet Burg seinen Besuchern etwas an – die **Spreewaldtherme** in Burg (Spreewald). Mitten im **Biosphärenreservat Spreewald** sprudeln 34 Grad heiße Sole-Thermalquellen in der Tiefe der Erde. Seit dem 30. September 2005 fließt das reich mineralisierte (240 Gramm Salz pro Liter) und heilende Wasser in die unterschiedlichen Becken der neuen Spreewaldtherme. Eine natürliche Komposition aus Wasser, Salzen und wertvollen Mineralstoffen sowie die Wärme machen den hohen Gesundheitswert der Burger Sole aus.

Die Spreewald Therme in Burg verspricht Entspannung - von 18 bis 38°C reichen die Wassertemperaturen der Solebecken

Den speziellen Kräutern der Region ist der **Kräutergarten** Burg auf dem Schlossberghof verpflichtet. Das hiesige Angebot auf einer Fläche von vier Hektar erstreckt sich von Führungen, Vorträgen, praktischen Veranstaltungen über den Anbau alter, vergessener, spreewaldtypischer Nutzpflanzen bis hin zum Verkauf von frisch verarbeiteten Gartenprodukten, Pflanzen und Sämereien von Wild- und alten Bauernpflanzen. Es werden alle Alters-, Interessen- und Menschengruppen angesprochen. Führungen sollten allerdings unbedingt ca. 14 Tage vorher vereinbart werden.

Die Weidenburg in Burg

Ebenfalls auf dem Schlossberg ist ein Kunstprojekt realisiert worden: Die **Weidenburg – Arena Salix**. Das 20 x 14 Meter große und zehn Meter hohe ökologische Bau(m)denkmal aus geflochtenen Weidenruten auf dem Schlossberghof wurde im Jahr 2006 eröffnet. Die von dem Schweizer Architekten Marcel Kalberer geschaffene Weidenburg ist auf Grund ihrer Größe von 7878 Quadratmetern und ihrer Gestaltung einmalig in Europa. Am Aufbau waren neben dem Projektleiter vier Weidenbauspezialisten und rund 30 Schüler und Studenten aus der Region beteiligt. Hauptbaumaterial ist Calva – eine Bruchweide und zugleich die häufigste Kopfweidenart. Zur Befestigung wurden Kokosgarn und synthetisches Material verwendet. Das lebende und wachsende Kunstwerk besteht aus einer zentralen Innenfläche mit zweigeschossigem Kuppelbau, einer Aufenthalts- und Veranstaltungsfläche sowie einem Eingangs- und Rundgangsbereich.

In Burg lässt sich noch ein anderer themenverpflichteter Park finden. Auf dem Geländeabschnitt zwischen Reha-Klinik, dem Ortszentrum und dem Naturraum im Westen findet man auf 60.000 Quadratmetern ein landschaftlich gestaltetes Areal – **Kur- und Sagenpark Burg**. Der Eingangsbereich und die Anbindung zum Ortszentrum ermöglichen eine barrierefreie Nutzung; soll heißen: Eintritt frei und immer geöffnet. Thematisch geordnete Gärten, wie Kräuter- und Pflückgärten, Rosengarten, Streuobstwiesen, spezielle Blumen-, Sträucher- und Hochfelder laden zum Verweilen ein. Des Weiteren wurde eine spezielle Biotopanlage mit einem Feuchtbereich von 1.800 Quadratmetern angelegt und ein Kinderspielplatz mit ca. 1.500 Quadratmetern. Der Spaziergang auf den verschlungenen Wegen durch den Park wird begleitet von Skulpturen aus der sorbisch/wendischen Sagenwelt.

Wesentlich kleiner, aber ebenso interessant ist der **Spreewaldhof Lukas** – ein ca. 2.250 m² großer Irrgarten, dessen Entstehung auf eine griechische Sage über König „Minos von Kreta" zurückgeht. Die **Natur-Erlebnis-Uhr** auf dem Schlossberg ist ein Angebot der Umweltbildung im Biosphärenreservat Spreewald. Die nicht nur auf die Bedürfnisse Behinderter zugeschnittene Uhr inmitten einer Streuobstwiese ermöglicht den Besuchern, die Sinne: Schmecken, Tasten, Gleichgewicht, Hören und Riechen zu testen.

Der **Schlossberg** mit dem **Bismarckturm** ist natürlich d i e herausragende Sehenswürdigkeit von Burg.

In der ältesten Urkunde über die Erforschung des Schlossberges, dem so genannten „Richterprotokoll" vom 10. März 1787 ist nachzulesen: „*Von einem Mauerwerk oder Steinen auf dem hiesigen Schlossberg weiß keiner etwas zu sagen, das sich dergleichen (ein Schloss) hier gefunden...der Name Schlossberg soll daher gekommen seyn, dass dorten in sehr alter Zeit ein mächtiger Mann gewohnet, welcher die hiesige Gegend innehatte und der Wendenkönig geheißen*". An dieser Stelle sollen an einem einzigen Abend sämtliche Wendenfürsten ihr Leben verloren haben. Der einzige Zeitgenosse, der über die Tat berichtet, scheint der Mönch Widukind (Wittekind) von Corvey gewesen zu sein: „*Jene Barbaren, niemals frei von Brandstiftung, Mord und Plünderung, aber haben zu unserem Leidwesen vor, den Gero, den König (Miesko von Polen, d.A.) für sich an die Heerspitze berufen hatte, durch eine Hinterlist zu töten. Dieser hat, der Hinterlist durch eine List zuvorzukommend, die zu einem großen Festmahl gesalbten und durch Wein eingeschläferten etwa 30 Führer der Barbaren in einer Nacht zu töten*". Betont aber wurde in dieser Schrift – und dieser Satz wurde ihm von Geros Leuten nie verziehen: „*Wahrlich, viele Tage gingen darüber hin, während die einen für den Kriegsruhm und die Ausbreitung ihrer Macht stritten, für jene aber Freiheit oder äußerste Knechtschaft auf dem Spiel stand*". Eine spätere Meinung soll aber an dieser Stelle auch erwähnt werden: Ein gewisser Lieutnant Renner von der dritten Jägerabteilung hinterließ aus dem Jahr 1844: *„Einige Bewohner von Burg behaupten: es habe eine wendische Burg auf dem Schlossberg gestanden, in welcher eine grausame wendische Fürstin gehaust, die ihre drei Kinder ermordet hätte; zur Strafe für diese Schandthat soll sie noch als Geist in der Gegend herumwandeln…".* Historisch verbürgt ist keine der Erzählungen.

Deshalb hier endlich einmal die Zeit, mit einem verbreiteten Irrturm aufzuräumen: Die Leute der Gegend würden sicherlich gerne nach der legendären Burg/Schloss benannt sein – allerdings ist die Wahrheit wesentlich prosaischer. Die Vorfahren der Hiesigen lebten vom Fischfang und transportierten diesen dann zum Verkauf/Tausch nach Cottbus. Damit die Ware unterwegs nicht verdarb, wurde sie lebend transportiert – in Eimern aus Buchenborke. Wenn die Leute mit den Eimern eintrafen, sagten die Cottbuser: „Jetzt kommen die Borkauer", wie alte Cottbuser noch immer sagen sollen. Daraus wurde dann die Dorfbezeichnung „Bork" und schließlich „Burg". Eine ur- bzw. frühgeschichtliche Wallanlage hat es aber trotzdem gegeben.

Bismarkturm auf dem Schlossberg in Burg

Stolze 27 Meter erhebt sich der **Aussichtsturm**, der zwischen 1914 bis 1917 aus 1,5 Millionen roten Steinen erbaut wurde. Nach 1933 wurde der Turm von den Nationalsozialisten für inszenierte Sonnenwendfeiern missbraucht. Im Zweiten Weltkrieg wurde 1944 ein Beobachtungspunkt auf dem Turm eingerichtet. Zudem wurde er als Funkleitstelle der deutschen Wehrmacht genutzt. Eine 1945 geplante Sprengung (Sprengsätze waren schon angebracht) konnte verhindert werden. Nach 1945 wurde die Bismarckbüste entfernt, die Inschrift im Granitsockel wurde unleserlich gemacht (ursprüngliche Widmung wurde auf neuer Tafel angebracht). Der Verbleib der beiden Stiftertafeln ist nicht bekannt. Zwischen 1950 und 1990 war der Turm aus militärstrategischen Gründen geschlossen. Vor 1960 wurde die Brüstung der ersten Plattform durch ein umlaufendes Geländer ersetzt. Im Jahr 1950 wurde er im Rahmen eines Deutschlandtreffens der Jugend in Berlin in „Turm der Jugend" umbenannt. Am Bauwerk fanden danach nur noch wenige Veranstaltungen statt. Am 03. Oktober 1990 wurde der Turm nach erfolgter Sanierung im Rahmen eines Volksfestes in **Bismarckturm** zurück benannt und wieder für den Besucherverkehr eröffnet. Die Brüstung der unteren Plattform wurde wieder (ohne Bismarck-Wappen) erneuert und etwa 200 Meter vor dem Turm wurde eine Gastwirtschaft (Bismarck-Schänke) eröffnet. Auf dem Turm selber, bietet sich ein weiter Blick auf die einzigartige Spreewaldlandschaft. Etwas, was sicherlich weniger bekannt seien dürfte: Der Turm ist Bestandteil einer international organisierten Bismarck-Denkmalsbewegung. Exakt 172 Bismarcktürme und -säulen stehen auf dem heutigen Gebiet von Deutschland, Frankreich, Tschechien, Polen, Russland, Österreich, Kamerun und Chile. Weitere 68 dieser Bauwerke, u.a. auf dem heutigen Gebiet von Dänemark, Papua-Neuguinea und Tansania existieren heute nicht mehr. Auch wenn man nicht unbedingt zu den Fans des Reichskanzlers zählt, die Kulturveranstaltungen um den Turm sollte man sich nicht entgehen lassen, wie die **„Spreewälder Sagennacht"** oder die **„Nacht der Kürbisgeister"**, mit effektvollen licht- und pyrotechnischen Inszenierungen bieten ein einzigartiges Ambiente.

Abschließend sei noch ein technisches Denkmal erwähnt, das nicht nur für Burg, sondern für die Entwicklung des gesamten Spreewaldes wichtig war, heute bedauerlicherweise nicht mehr in Betrieb, aber auch deshalb umso erhaltenswerter ist. Nach unzähligen Anfechtungen und Hemmnissen, dampfte endlich im Mai 1898 der erste Zug der **Spreewaldbahn** durch die Landschaft. Neben dem Fremdenverkehr brachte die Bahn auch den Aufschwung für die Ziegeleien,

Mühlen und Molkereien. Wie vielerorts in Deutschland war das Schicksal auch der Spreewälder Schmalspurbahn nach noch nicht einmal 100 Jahren besiegelt:

Die Burger Rumpel Guste

Am 3. Januar 1970 ging die **„Spreewaldguste"** das letzte Mal auf Fahrt. Bis Ende der 1980er Jahre wurde im ehemaligen Bahnhofsgebäude eine beliebte Gaststätte betrieben. Anfang der 90er Jahre des 20. Jahrhunderts wurden diverse Pläne zum Wiederaufbau von Teilen der Spreewaldbahn diskutiert. Im Jahre 1995 entstand auf dem Gelände des ehemaligen Bahnhofes Burg ein Erlebnis-Restaurant, das neben der thematischen Orientierung der Inneneinrichtung an der Eisenbahn – die Getränke werden von einer Modellbahn an die Tische gebracht – auch mehrere unterschiedlich genutzte äußerlich originalgetreu aufgearbeitete Wagen der Spreewaldbahn im Außenbereich bietet. Und falls es dann doch etwas später werden sollte: vier einfache, aber freundlich gestaltete Gästezimmer stehen ebenfalls zu Verfügung.

AUSFLUGSEMPFEHLUNGEN
- **Kahnhäfen:** Hafen I - Spreehafen in Richtung Straupitz; Hafen II - am Waldschlösschen Burg-Kauper – und andere kleine Anleger (Liste im Anhang)
- **Paddeln:** ab Spreehafen Burg - Dubkow Mühle - Leipe - Burg;
  22 Kilometer ca. 5,5 Stunden

Werben (Wjerbno)

In unmittelbarer Nähe zu Burg liegt das über 1000 Jahre alte Dorf Werben. Außer drei Gutshäusern gibt es einen Park mit sehr altem Baubestand. Ein Gedenkstein für den bedeutenden sorbisch/wendischen Dichter Mato Kosyk (1853-1940) ist hier ebenfalls zu finden. Der Schriftsteller wanderte nach Texas (USA) aus. Sein episches Hauptwerk „Wendische Hochzeit" gilt als Zeugnis einstiger Lebensweise der Spreewälder, insbesondere seiner Werbener Mitbürger. Er hinterließ über 200 Gedichte.

Lukullisches nicht nur erleben, sondern auch selber gestalten – das geht in dem Spreewaldhotel „Zum Stern". Unter dem Motto: „Man muss mitkochen, um zu verstehen, dass das Geniale im Einfachen liegt", bietet der Chefkoch Peter Schlodder-Franke im Rahmen der **„Spreewälder Kochakademie"** entsprechende Kurse an, die ebenso unterhaltsam wie sättigend sind. Derart gestärkt kann man sich dann wieder der Kunst zuwenden, denn in Werben gilt es eine Kirche aus der ersten Hälfte des 15. Jahrhunderts zu entdecken. Besonders hervorzuheben sind in diesem nach einem Brand von 1945 im Jahr 1962 wiederhergestellten spätgotischen Gotteshaus die Deckengemälde: **„Gemüsekirche"** soll das sakrale Haus im Volksmund genannt worden sein, weil deren Decke reich mit aufgemalten Feldfrüchten verziert ist. Besser könnten die Gläubigen wohl kaum ausdrücken, wie sehr sie ihr Schaffen unter den Schutz des Himmels stellen. Die erste Kirche soll bereits zwischen 1100 und 1150 errichtet worden sein. Heute ist der 42 Meter hohe, vermutlich zwischen 1308 und 1330 gebaute Turm der teilweise in wendischer Backsteingotik ausgeführten Bauernkirche das Wahrzeichen Werbens.

Dissen (Dešno)

Herzlich willkommen in Dissen! Witajšo k nam do Dešna! Heißt es hier am Ortseingang zu der 680 Seelen zählenden Ortschaft. 1449 erstmals urkundlich erwähnt, bedeutet der sorbisch/wendisch Name „Desno" soviel wie Nebel oder Dunst – eine Bezeichnung, die wohl heute nicht mehr zutrifft.

Um 1300 wird in Dissen die erste **Kirche** errichtet und mit einer Priesterstelle besetzt, die zum Bistum Meißen gehört. Ein Kirchenrechnungsbuch wird 1642 angelegt und ist das älteste bewahrte Schriftstück in Dissen. 1772 entsteht nach einem großen Dorfbrand der heutige Kirchenbau, ein stattlicher Fachwerkbau mit hohen Rechteckfenstern. In der Mitte des 19. Jahrhunderts gibt der Dissener Pfarrer Kito Pank die erste wendisch/niedersorbische Zeitschrift, den

„Bramborski Casnik", heraus. Der ungewöhnlich hohe quadratische Westturm aus Backstein wurde 1868 angefügt. Nach baupolizeilicher Sperrung des Kirchengebäudes wurde dieses 1936/37 renoviert und restauriert – dabei wurden auch die sorbisch/wendischen Bibelsprüche erneuert sowie die Decke mit floraler Malerei versehen. Die Bibelverse sollten zehn Jahre später die Kirche retten: Sowjetsoldaten hatten das Schulhaus in Brand gesteckt und

Im Heimatmuseum Dissen

hatten Gleiches mit der Kirche vor, als sie die sorbischen Sprüche über der Empore als „Brudersprache" entzifferten und daraufhin das Sakralgebäude verschonten. Bis 1941 predigt der Pfarrer Bogumil Šwjela in wendisch/niedersorbischer Sprache, die bereits von der Regierung und vom Konsistorium verboten war. Diesen Akt zivilen Ungehorsams kostete dem aufrechten Pfarrer seinen Job. Ein kleines, bescheidenes Denkmal gegenüber der Kirche erinnert an ihn. Nach langjährigen Bemühungen, die sorbisch/wendische Sprache im Gottesdienst wiederzubeleben, wurde 1987 nach jahrzehntelanger Pause erstmals eine Andacht in der sorbisch/wendischen Muttersprache organisiert – eine Pioniertat, die zu regelmäßigen sorbisch/wendischen Gottesdiensten in der gesamten Niederlausitz führte. Im Jahr 1999 wurde der Kirchturm restauriert und das Kreuz mit der Dokumentenkugel erneuert. Selbstverständlich ist die Kirche für alle Besucher offen. Wer die Kirche besichtigen möchte, meldet sich im Heimatmuseum.

Wenige Schritte vom Gotteshaus entfernt, finden die Besucher die zweite Sehenswürdigkeit Dissens: Einst besiedelten Westslawen aus dem Stamm der Lusizer dieses **Rundlingsdorf**. Wer sich für die Geschichte, die Geschichten und die Bräuche der Sorben/Wenden interessiert, sollte hier unbedingt Station machen: Vor 25 Jahren wurde in der ehemaligen Schule, eine zuerst kleine und bescheidene und jetzt umfangreich gewachsene museale/heimatgeschichtliche **Sammlung** begonnen. Zentraler Punkt der Schau ist eine wirklich beeindruckende Präsentation von 25 Trachtenvarianten – egal ob eine Arbeitskleidung oder aufwendiger Hochzeitsstaat. Die Ausstellung erzählt von dem Leben der sorbisch/wendischen Bauern, von der schweren Arbeit auf dem Hof, den vielen Festen und Bräuchen, die noch heute im Dorf gefeiert werden bis hin zu Sagen und Mystik der Gegend.

Dissen ist auch eines, der bedeutenden **Störchendörfer** in Deutschland. Von April bis Mitte August kann man im Ort selbst zwischen 10 bis 13 Storchenpaare bei der Aufzucht der Jungen beobachten.

Abschließend sei noch erwähnt: Das Damwildgehege der Familie Gutschmidt, unmittelbar am Ortsrand, ist ebenfalls zu Fuß zu erreichen.

AUSFLUGSEMPFEHLUNG

• **Briesen:** evangelische Kirche, gotische Backsteinkirche aus dem 15. Jahrhundert mit original mittelalterlichen Fresken von 1486 und Barockaltar aus Holz mit reichem Schnitzwerk von 1701. Bei einer Führung kann man eine Ausstellung zur Geschichte der Kirche mit umfassenden Informationen und faszinierenden Details erleben.

Raddusch (Raduš)

Raddusch liegt bereits am südlichen Rand des Oberspreewaldes und gilt als angenehme Alternative zum mitunter sehr stakt besuchten Leipe: Die Kahnfahrten starten am nördlichen Dorfrand und ihre Längen sind unterschiedlich (zwischen zwei und acht Stunden).

Apropos Spreewaldkähne: Die Familie Petrick in Raddusch feierte1988 ein besonderes Jubiläum: Ihr Tischlerei- und Kahnbaubetrieb bestand 100 Jahre. Die Werkstatt gehört zu den drei Betrieben im Spreewald, in denen Kähne hergestellt werden, sowohl aus Holz als auch aus Metall. In Raddusch gibt es auch noch eine weitere Beförderungsmöglichkeit: Eine Fahrt mit dem Kremser (bis zu 26 Personen) oder wesentlich intimer – mit der Kutsche durch den Spreewald. Die Fahrten sind in der Regel als Rundfahrten angelegt, es lassen sich aber auch oneway-Regelungen treffen.

Der Radduscher Burgwall – einst Wehranlage, heute Museum

In dem kleinen, unscheinbaren Örtchen ist das wohl ungewöhnlichste und spektakulärste, sicherlich aber eines der interessantesten Bauwerke des Spreewaldes zu erleben. Als Nachbau einer von ursprünglich ca. 40 vor 1000 Jahren im Wald bewohnten slawischen Burgen, ist die ab 1999 rekonstruierte, die einzige ihrer Art. An der gleichen Stelle wurde in den Jahren zwischen 1984 und 1990 der **Radduscher Burgwall** freigelegt, den die Spreewälder Vorfahren einst als Wehranlage bzw. Flucht- und Verteidigungsburg nutzten. Die heutige Burg ist zwar äußerlich weitgehend originalgetreu, also aus in Blockbauweise geschichtetem und mit Erde verdichtetem Holz errichtet, beherbergt jedoch im Inneren ein modernes Museum, das zu den Themen Bronze- und frühe Eisenzeit der Lausitzer Kultur, Germanen in der römischen Kaiserzeit, die Slawen in der Lausitz und das Deutsches Mittelalter einen sehr guten Überblick gibt. In der historisch eigentlich kompakten Wallmauer befinden sich heute die Ausstellung „Archäologie in der Niederlausitz", ein Vortragsraum und ein Restaurant. Die Ausstellung befasst sich vor allem mit der Siedlungsgeschichte der letzten 12.000 Jahre in der Region. Der 1.000 Quadratmeter umfassende Burghof dient als Terrasse des Restaurants, sowie als Veranstaltungsort für Theateraufführungen, Kinderveranstaltungen und Konzerte. In einem Burgladen wird unter anderem mundgeblasenes Glas nach mittelalterlichen Vorbildern angeboten.

Aus der Historie in die Zukunft: Hinter der nicht weit entfernten Autobahn wurde bis vor einigen Jahren noch Braunkohle abgebaut. Jetzt werden die riesigen „Löcher" geflutet und in wenigen Jahren werden hier der Bischdorfer See (263 Hektar!) und der Kahnsdorfer See (61 Hektar) entstanden sein. Zumindest auf dem erstgenannten wird es Wassersportmöglichkeiten und touristische Angebote geben.

Vetschau (Wetosow)

Das südliche Tor zum Oberspreewald ist fast ein Unikum dieser Region, denn es verfügt über keinen Hafen! Also, keine Kahntouren – dafür aber eine interessante Altstadt, nebst Schloss und kulturhistorisch äußerst wertvoller Kirche. Wer die Stadt noch aus der DDR-Zeit kennt, wird sich über die Wandlungen in den letzten Jahren sicherlich freuen: Zum einen hat sich nach dem Schließen des Braunkohlekraftwerkes die Luftqualität spürbar verbessert und der früher stark vernachlässigte Altstadtkern wurde (und wird) liebevoll restauriert – darunter das älteste Fachwerkhaus der Stadt.

In der historischen Innenstadt sollte unbedingt auf die Adresse Am Markt Nr. 30 geachtet werden. Nicht nur wegen des dortigen (noch aktiven) **Brauhauses** von 1853, sondern am Tresen vorbei, in eine **Museumsstube** – gewidmet einem der großen Söhne der Stadt, ja ganz Deutschlands. Denn Richard Hellmanns Kreation (oder besser, dessen Frau Emma) veränderte die Welt: 1876 in Vetschau geboren, wanderte der Selfmademan 1903 nach New York aus und beglückte die Erde mit: Hellmann's Majonäse! Der 1971 Verstorbene verdiente mit der weißen Krem viele Millionen Dollar, von denen auch einige nach Vetschau flossen und in die hiesigen Sportstätten investiert wurden (Ehrenbürger seit 1929). Derart gestärkt kann dann auf kulturellen Pfaden gewandelt werden: Das **Stadtschloss** von Vetschau und der dazugehörige Park steht auf einer leichten Erhöhung umgeben von einem Wassergraben. Früher gab es hier auch eine Zugbrücke, die mit dem Umbau des Schlosses verschwand. 1720 wurde ein kleiner Turm mit Barockhaube aufgesetzt, bevor elf Jahre später beinahe das Schicksal des Schlosses besiegelt werden sollte: Herzogin Agnes von Sachsen wollte das

Das älteste Fachwerkhaus in Vetschau

Haus abreißen lassen! Erbverträge verhinderten das und so kam es zu dem weiteren bis heute sichtbaren Umbau. Das Kavaliershaus befindet sich rechts vom Schloss. 1920 kaufte die Stadt Vetschau Schloss und Kavaliershaus für 2,1 Millionen Mark und machte das Terrain der Öffentlichkeit zugänglich. Der Rittersaal wurde zu einem Fest- und Sitzungssaal umgebaut und 1931 feierlich eingeweiht. Im früheren Speisesaal bekam das **Schlossmuseum** seinen Platz. Ein idyllisches Sommerbad konnte man früher vom südlichen Ausgang des Parks erreichen. Heute kommt man direkt von der Landstraße dorthin. Von dort aus führt ein Wanderweg weiter zu den Reptener Teichen. Das 1540 erbaute **Wasserschloss** mit seinem schönen alten **Park** ist heute Sitz der Stadtverwaltung Vetschau und der **Tourismusinformation**. Am Schloss erkennt man noch Bauelemente der einstigen Renaissanceburganlage, obgleich das Gebäude im Laufe der Jahrhunderte durch verschiedene Baumaßnahmen stark verändert wurde. Die Zimmer im Erdgeschoss haben alle noch Kreuzgewölbe, die zum Teil mit dekorativer Deckenbemalung, wie im heutigen Sitzungszimmer, versehen sind. Über die Freitreppe im Innenhof kommt man hinauf zum festlichen Rittersaal. Die **Heimatstube** befindet sich in der ersten Etage, direkt neben dem Rittersaal. Sie hat eine „Größe" von 34,4 Quadratmetern und zwei Fenster, die dem Besucher einen schönen Ausblick auf den Schlosspark bieten. Einen besonderen Blickfang stellt der alte Kronleuchter an der mit Stuckarbeiten verzierten Zimmerdecke dar. Gestaltet ist der Raum mit Möbeln und Gegenständen unterschiedlicher Jahrzehnte. Bilder, Karten und Urkunden sind Zeitzeugen der Vetschauer Geschichte aus verschiedenen Epochen. Auf einem Kachelofen werden typische Gegenstände aus Großmutters Zeiten präsentiert. In zwei Glasvitrinen sind Materialien, die sich in der Turmkugel des Schlosses befanden, untergebracht. Auch Tonscherben, die bei Grabungen in unserer Gegend gefunden wurden, sowie wendische Kirchen- und Gesangsbücher und zwei der ältesten noch vorhandenen Dienstsiegel der Stadt sind darin ausgestellt.

Unter dem alten Baumbestand findet man im **Schlosspark** noch zwei seltene Exemplare von Sumpfzypressen, die heute unter Naturschutz stehen. Der gesamte Park sowie die darauf befindlichen Gebäude stehen unter Denkmalschutz. Alte Vetschauer berichten, dass einst ein Gang unter dem Wassergraben hindurch das Schloss mit der **Wendisch-Deutschen Doppelkirche** verband, deren imposanten Turm man vom Park aus erblickt. Ein Nachweis hierfür wurde aber bisher nicht gefunden.

Im Innern der Wendisch-Deutschen Doppelkirche

Die in Sichtweite befindliche Wendisch-Deutsche Doppelkirche ist wahrscheinlich eines der interessantesten Kirchenbauwerke des Spreewaldes. Aus dem 14. Jahrhundert stammt ein erster, aus Feld- und Raseneisenstein errichteter Vorgängerbau, der im Jahr 1619 niederbrannte und auf dessen verbleibenden Fundamenten 1650 der jetzige Backsteinbau fußt. Die längs daneben angebaute spät-barocke deutsche Kirche entstand in den Jahren 1690 bis 1694. Beide Kirchen, die wendische und die deutsche, sind durch die an den Ostgiebeln befindliche Sakristei miteinander verbunden. 1709 bekam der Backsteinaufsatz des Turmes seine achteckige Haube. In den Jahren 1850/1860 wurde das Innere der wendischen Kirche umgebaut: ein Tonnengewölbe und die Doppelemporen wurden eingezogen, das „Auge" im Ostgiebel, der Kanzelaltar und eine Orgel wurden eingebaut. Die deutsche Kirche erhielt im Jahr 1899 eine neue Orgel und fünf figürlich bemalte Fenster. So entstand in fünf Jahrhunderten die Wendisch-Deutsche Doppelkirche. Ab 1995 begann die Nutzung der wendischen Kirche als Kulturkirche. In den Jahren 2000 und 2001 wurden beide Kirchen restauriert. Als Raum der Kirchengemeinde dient weiterhin die deutsche Kirche während in der wendischen Kirche regelmäßig Konzerte und Ausstellungen stattfinden. Eine Dauerausstellung erinnert an die durch den Braunkohlentagebau in der Region zerstörten Kirchen.

Eine schöne und ungewöhnliche Möglichkeit, die Stadt kennen zu lernen, startet ebenfalls an der wendischen Kirche: Der hiesige Förderverein lädt zu **Altstadtführungen** mit dem Nachtwächter ein. Treffpunkt ist jeweils 21.30 Uhr am Eingang der wendischen Kirche.

Was Sie schon immer über Störche wissen wollten...

Zurück zur Natur: Fast 400 Storchenpaare sollen im Land Brandenburg leben – ein großer Teil davon im Spreewald. Der Naturschutzbund Deutschland Regionalverband Calau e. V. betreibt in Vetschau das **Weißstorch-Informationszentrum Niederlausitz**.

In umfangreichen Ausstellungen und Schauanlagen wird über den Schutz des Weißstorches und seiner Lebensräume informiert. Verbunden damit ist Wissenswertes über den Naturschutz zu erfahren. Mit einer Videokamera wird sogar live das Familienleben der

Störche lieben feuchte Wiesen mit recht viel Frosch drauf

Weißstörche auf einen Bildschirm übertragen. Vom Weißstorchzentrum aus kann man mit dem Rad oder zu Fuß zahlreiche Weißstorchnistplätze im Spreewald oder ein nahegelegenes Naturschutzgebiet besuchen. Im Haus befindet sich auch ein Stützpunkt der Naturwacht im Biosphärenreservat Spreewald, das unmittelbar an den Grenzen der Stadt beginnt.

Welchem Spreewald-Urlauber dann doch das Wasser fehlt – dem sei das **Sommerbad** empfohlen. Die einst als „Badeanstalt" mit 1920er-Jahre-Flair eröffnete Einrichtung wurde in den letzten Jahren umfangreich modernisiert und wird wegen des auf dem Beckenboden aufgemalten Stöpsels auch „Größte Badewanne des Spreewalds" bezeichnet.

AUSFLUGSEMPFEHLUNG

Automobil:

Cottbus: zweitgrößte Stadt Brandenburgs mit einer Vielzahl an kulturellen Möglichkeiten: Museen, Ausstellungen, Theater, Kino, historische Innenstadt mit interessanter Architektur

Fürst-Pückler-Park in Branitz: Der Branitzer Park ist ein Gartenkunstwerk von internationaler Bedeutung, ein Landschaftsgarten mit gestalterisch differenzierten Parkbereichen mit **Fürst-Pückler-Museum**

Calau: Heimatmuseum (speziell zur Schumacherzunft), Marktplatz mit Rathaus im Renaissancestil besonders sehenswert, privat geführte **Bockwindmühle** und das Technikmuseum. Um das Jahr 1000 wurde die Dunkelburg errichtet – Spuren finden sich am restaurierten Burglehn.

Im OT Zinnitz: Schloss mit dem angrenzenden **Park**. In der Nähe von Zinnitz, der **Findlingspark**.

DER UNTERSPREEWALD

Lübben (Lubin)

Lübben präsentiert sich als sehr publikumsfreundlich und wird so ein Alptraum für alle Stadtplanhersteller: Sämtliche Tourismusziele sind hervorragend ausgeschildert, größere Stadtübersichtspläne wurden an zahlreichen Standorten aufgestellt und alle touristischen Höhepunkte sind ohne Probleme zu Fuß zu erreichen. Der Stadtkern wurde optisch in den vergangenen Jahren mittels umfangreicher Bau- und Restaurierungsmaßnahmen erheblich aufgewertet. Da die Stadtverwaltung auch darauf zu achten scheint, dass ein bestimmtes touristisches Niveau nicht unterschritten wird, macht sich das Fehlen der sonst häufig anzutreffenden Marktplatz nahen Billig-Kleider-Stände und Fast-Food-Buden sehr positiv bemerkbar.

Nun aber zu den einzelnen kulturellen Höhepunkten: Eine **Burg Lübben** wurde als urbs lubin 1150 erstmals erwähnt. Zwischen 1210 und 1220 wurde das Magdeburger Stadtrecht in Lübben eingeführt. Die Stadtentwicklung wird über die Jahrhunderte durch die strategisch und logistisch herausragende geografische Lage zwischen Ober- und Unterspreewald begünstigt. Nach langen kriegerischen Auseinandersetzungen gelangt Lübben 1373 zusammen mit der Niederlausitz unter die Herrschaft Kaiser Karls IV. Seit 1462 steht Lübben direkt unter der Herrschaft der böhmischen Könige und gelangte 1526 unter die Herrschaft der Habsburger. Zusammen mit der gesamten Niederlausitz wird Lübben 1623 (endgültig 1635) kursächsisch. Im Dreißigjährigen Krieg wurde die Stadt Lübben und die umliegenden Siedlungen mehrfach Opfer von plündernden und brandschatzenden Truppen verschiedener kämpfender Parteien. 1815 wird die Niederlausitz preußisch, wird der Provinz Brandenburg angeschlossen und Lübben verliert seine Funktion als Hauptstadt der jahrhundertelang autonom gewesenen Region. Im April 1945 wurde im Angesicht der herannahenden Roten Armee Lübben von der SS zur Festung erklärt. Durch die darauf folgenden heftigen Häuserkämpfe wurde Lübben zu 85 Prozent zerstört. Heute ist Lübben wieder ein wichtiger Verwaltungsknotenpunkt und Kreisstadt des Landkreises Dahme-Spreewald.

Die meisten Besucher Lübbens kommen in den Spreewald, um eine Kahnfahrt zu unternehmen. Der 1998 als Tourismuszentrum eröffnete **Kahnfährhafen** ist besonders in der Hochsaison recht stark frequentiert und eine Voranmeldung (gerade, wenn man mit mehreren Leuten unterwegs ist) angebracht. Im Gegensatz zu Lübbenau und dem Oberspreewald ist das hiesige Fährgebiet nicht mit unendlich wirkenden Fließen durchzogen, sondern recht überschaubar. Die Routen, die auch noch von einigen, im Stadtgebiet verteilten, kleineren Kahnhäfen gefahren werden, dauern in der Regel zwischen zwei und drei Stunden.

Wie bereits beschrieben, wurden große Teile der **Lübbener Altstadt** 1945 zerstört, trotzdem wurde versucht, das Flair einer liebenswürdig-mittelalterlichen Provinzstadt wieder aufzubauen. Der **Marktplatz** mit aus dem Boden strahlen-

Das Denkmal für Paul Gerhardt in Lübben

den Wasserfontänen wirkt zwar recht modern, aber über dieser von einigen historischen Gebäuden gerahmten Zentrale erhebt sich ein hoher Kirchturm. Im Jahr 2007 feierte man hier das 400-jährige Jubiläum der **Paul-Gerhardt-Kirche**. Der Bau wurde unter Verwendung einzelner Teile des Vorgängers zwischen 1494 und 1550 erbaut. Obwohl der Turm 1945 stark beschädigt wurde (1988 wieder hergestellt), blieb das Chor-Gebäude weitgehend verschont: Neben dem Sterngewölbe blieb so auch die Renaissance-Ausstattung erhalten. Der in Kalkstein ausgeführte Altaraufsatz (1609), die aus der gleichen Zeit stammenden Taufbecken und Kanzel (alle drei Arbeiten von Samuel Hanauer) sind ungefähr achtzig Jahre älter als die Emporen in den Seitenschiffen. Trotz einiger Epitaphe und Grabmäler wirkt das als St. Nikolai Kirche gegründete Gebäude eher schlicht als überladen. Die Orgel gehört klanglich zu den schönsten der Region, stammt aus dem Jahr 1845 und wurde 1990 letztmalig überholt.

Vor dem Sakralbau befindet sich das Denkmal der Persönlichkeit, deren Namen die Kirche seit 1930 trägt: **Paul Gerhardt** (1607-76)

> *Er gebe uns ein fröhlich Herz,*
> *erfrische Geist und Sinn*
> *und werf all Angst, Furcht,*
> *Sorg und Schmerz*
> *ins Meeres Tiefe hin.*

Die heute bekannten Werke Paul Gerhardts, 139 deutsche Liedtexte und Gedichte, sowie 15 lateinische Gedichte, wurden u. a. von Johann Crüger, Johann Georg Ebeling und Johann Sebastian Bach vertont. In der Kirche sind eine ganze Reihe von Übersetzungen seiner Liedtexte, sogar ins Fernöstliche, ausgestellt. Günter Grass hat Paul Gerhardt 1979 in seinem Werk „Das Treffen in Telgte" ein literarisches Denkmal gesetzt. Der Literaturnobelpreisträger beschreibt Paul Gerhardt darin als Gesellschaftskritiker.

Nach einem kurzen Spaziergang über den Platz und durch eine der kleinen Gassen wird bereits die Schlossinsel mit der örtlichen Tourismuszentrale, der unweigerlichen **Gurkenmeile** (hier „Gurken Paule" mit seiner Spezialität des „Gurkenbrotes") und den An- und Ablegestellen der Spreewaldkähne erreicht. Auch wenn man Städte nicht miteinander vergleichen sollte, um Maßstäbe zu gewinnen, sei dies an der Stelle einmal ausnahmsweise erlaubt: Wer das mit ähnlichen touristischen Ansprüchen aufwartende Lübbenau kennt, wird die hiesige Besucheranlaufstelle um einiges kleiner, persönlicher und dann je nach Gusto individueller und sympathischer finden.

Der Name **„Schlossinsel"** führt eigentlich in die Irre, denn auf der Insel selbst findet sich kein Schloss, dafür ein Park von einfacher, regelmäßiger und entspannend wirkender Gestaltung.

Das **Schloss** selbst erhebt sich unmittelbar vor der Insel und blickt auf eine wechselvolle, teils tragische, teils heroische Geschichte zurück.

Das Schloss in Lübben

Aus einer früheren Burganlage ist ein Schloss im Renaissancestil entstanden. Seit dem Jahr 2001 beherbergt es das **Stadt- und Regionalmuseum**. Die Ausstellung des Museums konzentriert sich auf die Darstellung Niederlausitzer Geschichte, Kunst und Kultur, insbesondere der Stadt und des Altkreises Lübben. Eines der ältesten Gebäude der Stadt ist der **Schlossturm** aus dem 14. Jahrhundert. Er gehörte als Wehrturm, von Spreearmen umgeben, zur alten Burg Lübbens und unterscheidet sich in seiner Form deutlich von dem dahinter liegenden Renaissance-Schloss. Der in den 1970er Jahren wieder aufgebaute Turm beherbergt ein stilvolles Eheschließungszimmer.

Im Jahr 1682 wurde das heutige dreigeschossige Schloss im Stil der Spätrenaissance mit einem durch beide Obergeschosse reichenden Saal erbaut. Anfang des 20. Jahrhunderts wurde das Nordportal, die Turmgalerie und der Saal im Stil der deutschen Renaissance ausgestaltet. Der östliche Renaissancegiebel gehört zu den besonderen architektonischen Kostbarkeiten des Schlosses. An seiner Nordseite befindet sich ein schönes Sandsteinportal mit sächsischem Wappen. Ein gewölbter Gang verbindet das Schloss mit dem Schlossturm. Nicht nur das Museum und das Innere des Schlossturms sind sehenswert, auch die gepflegte Schlossanlage mit ihrem Schlossgarten und die angrenzende Schlossinsel laden zum Verweilen ein. Die **Schlossinsel** wurde in den 1990er Jahren zu einer kulturellen Stätte ausgebaut. Dort befinden sich ein Wasserspielplatz, ein Irrgarten und viele weitere Überraschungen.

Der Kur- und Sagenpark in Lübben

Im Sommer wird die Insel u. a. für Veranstaltungen zum **Inselmusiksommer** genutzt.

Noch einmal an den Spreewaldkähnen und der Tourismuszentrale vorbeilaufen, dann ein Brückchen überwinden und schon wird es vollständig idyllisch: Der unmittelbar im Grünen und an einem Flusslauf gelegene **Zeltplatz** lädt zu selbigem Natur- und Lebensvergnügen ein – selbst wenn man über keine eigene Camperausrüstung verfügt. Die Kahnfährhäfen und der Bootsverleih für die eigenbetriebliche Erkundung des Spreewaldes befinden sich in unmittelbarer Nähe – Fahrräder und Boote können sogar direkt auf dem Areal der Wohnmobilisten geliehen werden. Die versprochene Zeitreise beginnt wenige Meter weiter: Die **Slawenburg** Lübben (auch Burglehn genannt) war eine slawische Burg im Spreewald am südlichen Rand des heutigen Lübben. Es handelte sich um die bedeutendste mittelalterliche Burg am nördlichen Spreewaldpass. Im 11. bis 12. Jahrhundert entstand südlich des heutigen Lübben, vermutlich auf Wallresten aus dem 9. und 10. Jahrhundert, ein Rundwall. Errichtet wurde die Anlage von dem slawischen Stamm der Lusici. Die Anlage wird als slawische Königsburg angesehen. Die Wallmauer bestand aus in Blockbauweise aufgeschichteten Holzstämmen. Der so errichtete Holzrost war mit Erde verfüllt. Die von einem Wassergraben umgebene Wallmauer erreichte eine Höhe von vier Metern. Der Durchmesser der Wallkrone betrug 150 Meter. Das Innere der Burg war nur über einen flachen Damm, vermutlich von der Nordseite, zugänglich. Reste eines solchen Dammes sind in den Wiesen quer zur heutigen Zufahrt noch zu erkennen. Die Wallkrone wurde später planiert. Um 1900 entstand hier das „Gasthaus Burglehn". Ein Ausflug auf den Burglehn macht durchaus Sinn: Zum einen ist die rückwärtige Aussicht von der früheren militärischen Anlage auf die sich anschließende Auenlandschaft durchaus zu empfehlen. Gleiches gilt für die Küche des Hauses. Gesättigt sollte jeder Gast noch einmal den Rundweg um die frühmittelalterliche Wehranlage machen, als sich gleich in das auf dem nur 50 Meter entfernten Parkplatz abgestellte Auto zu setzen.

Steinkirchen ist älter als Lübben und von hier aus soll die Gründung der „Hauptstadt" ausgegangen sein! Wahrscheinlich steht deshalb auch seit dem Jahr 2000 wieder ein eigenes Ortsschild an der alten Stadtgrenze (1939 aufgehoben und eingemeindet). Als erstes ist die **Kirche** zu nennen, die zu den ältesten Gotteshäusern der Niederlausitz zählt. Die spätromanische Feldsteinkirche St. Pankratius entstand zu Beginn des 12. Jahrhunderts – der Glockenturm um 1680. Im Inneren ist vor allem auf die Reste frühgotischer Wandmalereien hinzuweisen. Unmittelbar neben der Kirche befindet sich das Grab des Dichters Christoph Freiherr **Ernst von Houwald** (siehe Straupitz – Oberspreewald).

Neuhaus steht auf einer kleinen Anhöhe und wurde im Jahre 1802 an Stelle eines älteren Vorgängerhauses gebaut. Zwanzig Jahre später kaufte Ernst von Houwald das schlossartige Gebäude. Houwald lebte seit dem Sommer 1822 mit zeitweiligen Unterbrechungen bis zu seinem Tod in Neuhaus. In dieser Zeit wurde

Neuhaus zum geistigen Treffpunkt so bedeutender Persönlichkeiten wie Bettina und Achim von Arnim, Adelbert von Chamisso, Emanuel Geibel, Fouqué, Grillparzer, Tieck und den Gebrüdern Contessa, um nur einige zu nennen. Von 1821 -24 lebte hier auch sein Freund, der Schriftsteller Carl Wilhelm Salice-Contessa. In einer 2002 eingerichteten Dauerausstellung wird des Dichterkreises gedacht – hier wird auch der „Albrecht und Helene von Houwald"-Musikpreis verliehen.

Abfischen am Inselsee

Schlepzig (Slopišća)

Schlepzig ist ein schönes Dorf – es wurde sogar einmal zum schönsten Dorf Brandenburgs gekürt! Schlepzig ist aber auch ein altes Dorf: Im Jahre 1004 erfolgte die erstmalige Erwähnung des Ortes in einer Schenkungsurkunde König Heinrich II. Die damalige Bezeichnung lautete „Zloupisti", was bedeutete, dass die Häuser damals auf Pfählen gebaut waren. Gemeinsam mit fünf weiteren Dörfern wurde 2004 das 1000-jährige Jubiläum gefeiert. Und Schlepzig ist ein übersichtliches Dorf, denn alle Sehenswürdigkeiten liegen längs der Dorfstraße. Und schließlich ist Schlepzig ein echtes Spreewalddorf – zwei **Kahnhäfen** zeugen davon.

Wie es sich für jedes anständiges Dorf gehört, findet sich hier auch eine **Kirche** – und die ist wirklich bemerkenswert: Die Weihe der Kirche erfolgte im Jahr 1782, nachdem ein Vorgängerbau zuvor 1769 abgebrannt war. Errichtet wurde die Kirche in Fachwerkbauweise auf einem rechteckigen Grundriss, wobei der Standort, vor Wasserfluten geschützt, auf einem Sandhügel, etwas Abseits des historischen Dorfkerns liegt. Im Inneren der Kirche fällt die ungewöhnli-

Seit kurzem geht die Fahrt durch Schlepzig als Ortsrundfahrt

che Bemalung der Decke mit einem Wolkenhimmel auf. Eine solche Bemalung wurde bereits im Jahr 1783 durch den Lübbener Malermeister Lehmann geschaffen. In den Jahren 1980/81 restaurierten in liebevoller Kleinstarbeit Kunststudenten anhand noch erkennbarer Reste der alten Bemalung die Decke. Die Kirche hat einen 1843 gestalteten Kanzelaltar. In der Predella (Gemälde oberhalb des Altars) befindet sich eine Darstellung des Abendmahls, die noch aus dem abgebrannten Vorgängerbau stammen soll. Am oberen Ende des Altars befindet sich ein Auge Gottes. Im Jahre 1812 erhielt die Kirche ihre erste Orgel. Die heute im Gebäude befindliche Orgel stammt aus dem Jahr 1910 und wurde vom Orgelbaumeister Wilhelm Sauer aus Frankfurt (Oder) geschaffen und 1996 restauriert. 1991 wurde die Außenfassade erneuert. In den Jahren 1993/94 folgte die Restaurierung des Turms mit Schieferbedeckung und Kupferkrone. Vor allem die Führungen und die Konzerte in der Kirche sind sehr zu empfehlen (Telefonnummer im Anhang).

Auf der Dorfstraße entlanglaufend, wird schnell ein sehr gepflegtes, altes **Fachwerkhaus** erreicht. Hier befindet sich eine weitere Attraktion von Schlepzig, die jährlich von vielen Touristen besucht wird. Das **Bauernmuseum**, früher etwas umständlich und weniger interessant Agrarhistorisches Museum genannt, gehörte einst dem Dorfschulzen. Ihm wurde der Hof im Jahre 1818 zusammen mit 30 Hektar Land und 70 Hektar Wald vom Preußenkönig Friedrich Wilhelm III. (1770-1840) als Lehngut übergeben. Im Jahr 1960 wurde das alte Bauerngehöft unter Denkmalsschutz gestellt und wird seit 1985 als Museum geführt. Heute ist hier eine Sammlung von landwirtschaftlichen Klein- und Großgeräten aus dem Zeitraum von 1900 bis 1980 zu erleben. Auf einem Areal von etwa 5000 Quadratmetern wird ein interessanter Einblick in das Leben und Schaffen der Spreewaldbauern des vorigen Jahr-

Die Getreidemühle in Schlepzig

hunderts vermittelt: In dem komplett hergerichteten Bauernhaus mit Altenteil findet sich auf dem Dachboden eine ständige Ausstellung mit Dokumentationen zur Entwicklung der Landwirtschaft, zu Bräuchen und Traditionen, während in der Stallscheune über Forst-, Bienen- und Fischereiwirtschaft sowie über die Flachsverarbeitung und Leinenherstellung informiert wird. Technikfreunde – zumal historisch interessierte, werden in der Feldscheune fündig: Vom uralten Holzpflug bis zum Mähdrescher, wurde auch eine kleine Traktorensammlung zusammengetragen. Natürlich befindet sich auf dem Hof ein Kräutergarten. Kulinarischer Höhepunkt des Besuches sollte der, im alten Lehmofen nach alten Rezepturen gebackene Blechkuchen sein. Zu verspeisen am besten unter der wunderschönen Linde im Innenhof.

Derart gestärkt geht es dann zu einer der zwei von ursprünglich drei Mühlen des Ortes. Die in der Dorfmitte stehende ehemalige **Getreidemühle** wurde 1740 erbaut und ist nach umfangreichen Restaurierungsmaßnahmen seit dem Jahr 2000 voll funktionstüchtig und besichtenswert – auch wenn das Innenleben aus dem thüringischen Ziegenrück/Saale stammt – was den Müller nicht davon abhält, die technische Rarität in Betrieb zu nehmen und aus dem gewonnenen Mehl auch Brot zu backen. Zum Abschluss der besonderen Führung verabreicht der Müller Werner Hetemann den Besuchern einen köstlichen Happen Vollkornbrot, gebacken aus dem Mehl der Mühle. Zum Kauf liegt auch ein Mühlenbrot bereit. In unmittelbarer Nachbarschaft befindet sich die historische **Säge-, Korn- und Ölmühle** von 1374 (1769 ebenfalls beim großen Brand zerstört und dann wieder aufgebaut) in der eine ganz besondere Ausstellung untergebracht ist.

Dem mitunter etwas oberlehrerhaft daher kommenden Team des Biosphärenreservates Spreewald ist mit der Ausstellung **„Unter Wasser unterwegs"** eine

ebenso unterhaltsame wie überraschende Schau gelungen. Die Besucher werfen förmlich einen Blick in die Tiefen des Spreewaldwassers – aber nicht durch die Wasseroberfläche, sondern mittels Multimedia, vom Boden herauf. Einmal eine ganz andere Sicht auf Hecht, Aal und Barsch. Die von der Decke baumelnden 150 mal vergrößerten Wasserflöhe sind gerade bei den Kids der Hit.

In der Ausstellung „Unter Wasser unterwegs"

Der Schlepziger Weidendom

Zwischen Mai und Oktober können aber auch in dem dreistöckige Mühlenbau die kleine Mehl- und Getreideausstellung sowie diverse Mühlengeräte angeschaut werden.

Unmittelbar neben der Mühle und vis-a-vis des alten Hafens befindet sich die **Brauerei**/Restaurant/Hotel „Zum grünen Strand der Spree". Seit 1788 wird hier der Gestensaft gebraut und wer sich rechtzeitig anmeldet, kann auch einen Rundgang durch den Betrieb miterleben. Seit einiger Zeit werden hier neben dem Bier mit dem Storch drauf auch harte Sache produziert – probieren! Das gleiche gilt für die Lokalspeisen – auch wenn „Schokonudeln mit Balsamico-Eis" vielleicht etwas Mut verlangen. Auf jeden Fall ein Anruf wird verlangt, wenn Besucher am Wochenenden hierher kommen wollen – ohne Reservierung kein Platz möglich.

Nur den **Weidendom „Arena Salix"** auf dem Hof der Privatbrauerei kann man sich dann ansehen. Nicht ganz so stark frequentiert sind die Kähne von Schlepzig. Dabei ist die Umgebung geprägt von Stieleichen, Erlen- und Bruchwäldern und zahlreiche Fließe durchkämmen das Biosphärenreservat.

Krausnik (Kšušwica)

Die ehemalige Armeestraße von Brand nach Krausnick ist erst seit kurzem geöffnet. „Krausnick, bekannt seit 1004" steht auf einer Steintafel am Dorfeingang. Damals siedelten hier die Sorben, und sie benannten den Platz nach ihrem Wort für den wilden Birnbaum. Zwar behauptet jetzt ein Professor aus Leipzig, dass es auch das sorbische Wort für Kuhdorf gewesen sein könnte, aber daran mag hier niemand glauben. Krausnick hat 430 Einwohner, eine barocke Kreuzkirche, ein Hotel und ein Geschenklädchen. Man kommt ins Träumen, wenn man das kleine, schmucke Dörfchen von der Südseite her anschaut. In eine sanfte Mulde gebettet, strahlt es Ruhe und Gemütlichkeit aus. Hellgrüne, später goldgelbe Saatenstreifen und im Hintergrund die Krausnicker Berge mit ihren Nadel- und

Die Kreuzkirche in Krausnik

Mischwäldern im satten Dunkelgrün – im Herbst durchzogen in allen nur erdenklich leuchtenden Farben der Natur runden den idyllischen Anblick ab. Schaut man vom Mühlberg zur anderen Dorfseite hinab, so liegt einem der Spreewald und weit ausgedehnte Wiesenflächen mit üppigen Gräsern und hunderten bunten Blumenarten zu Füßen. Bereits lange vor unserer Zeitrechnung lebten im Raum Krausnick Menschen. Von 1004, der ersten urkundlichen Erwähnung – bis hin zum Dreißigjährigen Krieg (1618-48), in dem auch Krausnick stark zerstört wurde, ist wenig überliefert. Im Jahr 1728 gehört das Gut Krausnick dem Sohn des preußischen Königs Friedrich Wilhelm I., der es nach seinem Tod erbte.

Es wurde die alte Krausnicker Kirche abgetragen und die noch heute in ihrer ursprünglichen Form bestehende **Kreuzkirche** gebaut: Mit ihrer ausgemauerten Fachwerkkonstruktion und der barocken Turmhaube ist sie heute eine besondere Seltenheit. Europaweit gibt es nur noch zwei Kirchen, die in ihrem Grundriss die Form eines römischen Kreuzes haben. 1885 baute der Berliner Orgelbauer Lange die auch heute noch funktionstüchtige Orgel. Nach vielen Schwierigkeiten und durch die Hilfe vieler privater Spenden konnte die Krausnicker Kreuzkirche 1991 restauriert werden, 1994 wurden die Kirche und die Orgel wieder in Betrieb genommen.

Brand

Für so einen kleinen Ort, macht Brand ganz schön große Schlagzeilen: Immer, wenn von dem Dörfchen Brand am Rande des Spreewalds zu lesen ist, handelt es sich auch mindestens um zweistellige Millionenbeträge. Dabei sollte es früher still und geheim um Brand sein. Bereits die zwischen 1939 und 1945 ansässige „Flugzeugführerschule Brand-Gruben" sollte es sein. Und was die russischen Flieger auf dem Gelände trieben, auf dem die Staatsgäste aus dem Kremel landeten (nicht Schönefeld!) – wie z. B. 1963 die Kosmonauten Tereschkowa und Gagarin – ist bis heute auch wenig bekannt. Vor der Wende war das Areal Sperrgebiet. Die Rote Armee unterhielt hier einen ihrer wichtigsten Luftwaffenstützpunkte. Innerhalb von 20 Minuten sollten die Jagdbomber von Brand aus alle strategisch bedeutsamen Punkte der Bundesrepublik erreichen. Nachdem sich diese Geschichte überlebt hatte, sollte ausgerechnet in Brand das Versprechen von den „blühenden Landschaften" in Erfüllung gehen. 1998 entstand hier eine silberglänzende, futuristische und wie von einem anderen Stern wirkende Halle der Cargolifter AG: 360 Meter lang, 210 Meter breit und 107 Meter hoch. Gewaltige Zeppeline wollte man hier bauen, die sperrige Last, ja ganze Häuser sanft umhertragen würden. Doch kein einziger verließ je das Werk. Stattdessen wurden 80 Mio. Euro in den Sand gesetzt – nur ein Homepage (www.smv.com) zeugt noch von den hochfliegenden Plänen. Doch der Traum von Brand war noch nicht zu Ende – ein malaysischer Unternehmer investierte 70 Millionen Euro in den Themenpark **„Tropical Islands"** und ließ eine Insel des ewigen Sommers entstehen. Tropical Islands – Palmen, Strand, exotische Pflanzen, Sport, Spaß und Entertainment auf 4000 Quadratmeter. Der hier angelegte Regenwald ist mit über 20.000 Pflanzen und Bäumen bewachsen. Ein Dorf mit sechs originalen Tropenhäusern lockt mit exotischen Cocktails und kulinarischen Genüssen. Am Abend verwandelt der Regenwald sich in ein Szenario für eine „Nachtsafari" – wer sich nicht trennen mag, der kann auch über Nacht bleiben: In Zelten oder exklusiver.

Gegen Fernweh – Kurzurlaub im Tropical Island

Groß Wasserburg (Wodowy Grod)

Der Ortsname Groß Wasserburg täuscht über die wahren Gegebenheiten hinweg. Die Bezeichnung Burg im Ortsnamen ist nicht auf eine große wehrhafte mittelalterliche Burganlage zurückzuführen. Vor allem wirtschaftliche Gesichtspunkte führten damals zum Bau des Vorwerkes mit der Mühle. Waren es 1554 sorbisch/wendische Häusler die auf dem Vorwerk Wasserburg der Herren von Langen ansässig waren, so siedelten sich in den späteren Jahrhunderten Kolonisten

Der Hafen in Groß Wasserburg

*Gebatikte Ostereier gelten als **ein** Symbol für den Spreewald*

aus der Pfalz, Hessen und dem angrenzenden Sachsen an. Heute begrüßt das Dorf seine Gäste mit gepflegten Parkplätzen und einem schönen Kahnhafen. Wer im Ort Urlaub oder ein paar Tage der Ruhe sucht, findet sie in Groß Wasserburg garantiert. Seit über hundert Jahren ist das Landgasthaus „Zum Unterspreewald" in Familienbesitz und wartet mit gepflegter regional geprägter Küche auf. Direkt am Kahnfährhafen und der Gaststätte befindet sich der Rastplatz, geeignet für Zelte und Wohnmobile. Besonders gerne wird er von Wasserwanderern genutzt. Der Rastplatz wurde vor kurzem völlig neu gestaltet und hat Sanitäranlagen und diverse Anschlüsse erhalten. An einer kleinen Bucht besteht die Möglichkeit zu baden oder ein Boot zu wassern. Rund um Groß Wasserburg lässt es sich herrlich Wandern, Radfahren oder Reiten: der Gurkenradweg, der Hofreitweg, der Krausnicker Rundritt oder der Europawanderweg bieten dafür ausreichend Möglichkeiten. Groß Wasserburg ist auch der Ausgangspunkt für einen Ritt auf den ausgeschilderten Reitwegen. Es gibt noch ein weiteres Wahrzeichen: Seit dem Sommer 2003 ist von einem neu erbauten Turm in den Krausnicker Bergen eine beeindruckende Aussicht über die Heideseen, den Köthener See bis hin nach Berlin möglich. Wer die vielen Stufen nicht scheut, kann aus luftiger Höhe den gesamten Spreewald und die ehemalige Cargolifter-Halle, jetzt Tropical Islands, sehen. Der erste Turm wurde in den 1950er Jahren errichtet, ist 31,4 Meter hoch und steht selbst 142 Meter über dem Meeresspiegel.

Köthen (Košina), Köthener See und Neuendorf, Neuendorfer See und gegenüberliegendes Alt Schadow

Im Süden grenzt Köthen an das **Biosphärenreservat Spreewald**. Weniger bekannt aber nicht minder interessant ist der **Naturpark Dahme / Heideseen**, der sich nördlich von Köthen erstreckt und durch seinen Gewässerreichtum und die störungsfreie Waldgebiete besticht. Das märkische Heidedorf Köthen, heute Ortsteil der Stadt Märkisch Buchholz liegt eingerahmt zwischen den Krausnicker Bergen im Süden, dem Köthener See im Norden und sieben kleinen, malerischen Heideseen im Südosten. Ausgeschildert sind Wanderwege um die Heideseen und auf den 144 Meter hohen Wehlaberg und dessen Turm, von dem man einen herrlichen Blick über die umliegende Landschaft hat. Nach einem Ausflug in die Umgebung kommt man zurück auf den runden, 1997 neu hergerichteten Dorfanger mit seinen alten Eichen und Linden. Vom Dorfplatz aus fällt der Blick auf einen imposanten, über zwei Meter großen Bären, Wappentier des Restaurants Bärengewölbe, und das dahinter liegende stattliche Landhaus mit grüner Fassade und der typischen alten Holzveranda. Hier findet man die Pension „Zum Schafspelz", ein liebevoll restauriertes Haus von 1876, und das da-

Fachwerkidylle in Köthen

zugehörige Restaurant „Bärengewölbe". In letzterem kann in Gegenwart von 444 Teddybären gespeist werden. Gleich nebenan liegt das Gasthaus „Zum Köthener See". Ebenfalls direkt am See gelegen – die Jugendherberge in einem Fachwerkhaus. Wasserwanderer können die Jugendherberge direkt mit dem Boot ansteuern, da sie über einen eigenen Bootssteg verfügt. Ob Kanutouren, Wanderungen oder Backofenfeste, die Jugendherberge bietet ein unvergessliches Erlebnis für Kinder, Jugendliche und Familien – alles für das jugendherbergbekannte „kleine Geld".

Leibsch (Lubu š)

Das Örtchen war ursprünglich eine sorbisch/wendische Siedlung in der Nähe des Zusammenflusses mehrere Spreearme. Es wird vermutet, dass es sich bei dem Ortsnamen um die Kurzform eines frühren Personennamens handelt. Bis ins

18. Jahrhundert hinein wurde in dem im Jahre 1004 erstmals erwähnten Leibsch kein deutsch gesprochen. Der Ortsteil Leibsch-Damm war früher eine Meierei. In Verbindung mit dem Straßenbau ist 1879 eine Holzbrücke über die Spree gebaut worden – erst 1925 begann der Bau einer modernen Stahlbetonbrücke; gerade rechtzeitig, denn die Holzkonstruktion brach just in diesem Jahr unter ei-

Das Wehr ist das größte seiner Art im Spreewald

nem LKW zusammen. Schäden, die in keinem Verhältnis zu dem standen, was Leibsch im April 1945 erleben musste. Am Rande des „Kessels von Halbe" gelegen, wurde das gesamte Dorf zerstört. Trotzdem ging es nach dem Krieg wieder weiter – selbst die Sturm- und Hagelkatastrophe von 1959 konnte die Leibscher nicht vertreiben. Heute ist das Dorf eine Idylle – mit beschaulich an der Spree gelegenen Fachwerkhäuser, zwei Kahnhäfen und einer Wassersport-Attraktion: Das zwischen 1988 und 1990 für die stolze Summe von neun Millionen Mark erneuerte Wehr. Das 1909 entstandene Nadelwehr gleicht einen Höhenunterschied von sechs Metern aus und ist die größte Anlage dieser Art im Spreewald. Aus den alten Anlagen (Schleusen und Wehre) wurde ein Freiluftmuseum gestaltet, das weder Öffnungszeiten noch Eintrittspreise kennt.

Neu Lübbenau (Nowy Lubnjow)

Wenige Minuten von Schlepzig entfernt gilt es noch ein interessantes Spreewalddorf zu entdecken: Neu Lübbenau und seine **Kirche**, die wesentlich jüngeren Baudatums und nicht nur deshalb recht ungewöhnlich für die Gegend ist. Das Dach des Baues erinnert an ein umgekehrtes Boot und stammt aus dem Jahre 1939. Zur Geschichte des Dorfes: Es wird erzählt, dass Friedrich Wilhelm I., unter dem die märkischen Bauern stolze neun Monate auf dem Gut und drei Monate im Regiment zu dienen hatten, sich sehr über die Preise ärgerte, die für armeeverpflegende Gurken ausgegeben werden mussten. Anlässlich seines Aufenthaltes in Lübben (man verhandelte gerade die Hochzeit zwischen seiner Tochter Wilhelmine mit dem Herzog von Sachsen-Weißenfels), reiften die königlichen Gurkenpläne: 1729 erging der hochherrschaftliche Befehl, im preußischen Teil des Unterspreewaldes entsprechende Bauern-

Insektenhotel in Neu Lübbenau

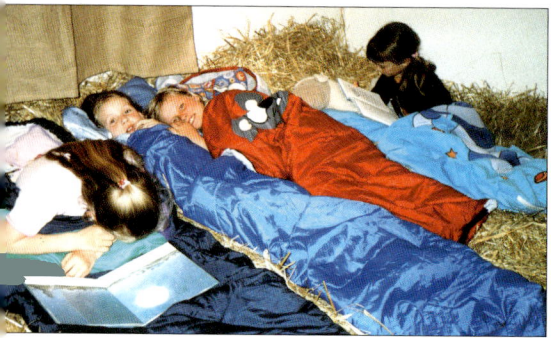

In Neu Lübbenau gibt es eine Scheunenherberge

katen anzulegen und sich mit dem (illegalen) Abwerben entsprechender Fachleute einen Wettbewerbsvorteil gegenüber den Bauern im sächsischen Spreewaldteil zu beschaffen. Fast 40 Bauern aus Lübbenau konnten bestochen werden und gründeten ein neues Dorf – an die alte Heimat erinnernd, ab 1751 Neu Lübbenau genannt. Der Erfolg soll aber sehr mäßig gewesen sein, dennoch machte der Sohn Friedrich, später der Große genannt, weiter. Schließlich misslang das Gurkenexperiment wegen der mangelnden Bodenqualität und einige Bauernfamilien sollen beschämt in ihre alte Heimat zurückgekehrt sein. In dem hier unter dem gleichen König erbauten Jagdhaus zelebrierten die DDR-Führer ihre Staatsjagden und heute ist es Sitz des Hauptforstamtes.

Es gibt sie – die stillen, beschaulichen Plätze

Alt Schadow / Neuendorfer See

Die Region direkt um den Neuendorfer See ist einfach und wunderschön. Im Jahre 1421 wurde Schadow gegründet. Erst 1753 wird das Dörfchen in Alt Schadow umbenannt. Vor ca. 100 Jahren wird der Ort vor allem von Berlinern als Naherholungsgebiet erobert.

Am See gibt es gleich zwei Campingplätze. Am Ostufer: Oberhalb der Schleuse von Alt Schadow befindet sich der naturbelassene und familienfreundliche(!) Standort mit Campingplätzen direkt am Ufer. Zwischen 1. April und 31.Oktober stehen den Campern neben einem sehr freundlichen und persönlichen Service, u.a. gepflegte Sanitäranlagen, Waschmaschinen, Rad- und Bootsverleih sowie Angelkartenverkauf zur Verfügung. Neben Stellplätzen ist auch das Mieten von komfortablen Standcaravans und Bungalows möglich. Der zweite Platz wurde auf der 150 Quadratkilometer großen Halbinsel Raatsch, unterhalb der Ortschaft, eingerichtet. Neben den üblichen Serviceangeboten finden die Besucher hier auch ein Wildgehege, Reitmöglichkeiten und das Restaurant „Libelle". Selbst Rundflüge können gebucht werden. Wem diese Idylle noch immer nicht ausreicht, und wer es noch abgeschiedener mag, ohne einen gewissen Komfort vermissen zu wollen,

Badespaß im Spreewaldnass

dem sei die Fischerei Richter genannt: Im Betrieb selbst gibt es alles zu erwerben, was ins Netz geht – egal ob frisch, gefrostet, oder über Erlenholz geräuchert. Mit einem Boot kann dann auf eine Insel im See übergesetzt werden. Und hier wartet ein hoch komfortables Ferienhaus – und viel, viel Harmonie.

Die romantischen Momente genießen

Cottbus

Der Name Cottbus wurde von dem slawonischen oder wendischen Namen „Chójśkebukti", „schöne Häuserchen" abgeleitet. Die zweitgrößte Stadt Brandenburgs verfügt über eine Vielzahl von Theatern, Bühnen und Ensembles. Das bekannteste ist wohl das Staatstheater Cottbus. Außerdem bietet die Stadthalle von Cottbus ungefähr 2.000 Menschen Platz. Das kleine Theater, die Theater-Native C, wurde als Privattheater 1989 gegründet und ist zu einer festen Größe in der Cottbuser Kunstszene geworden. Mit dem „Weltspiegel" besitzt Cottbus den ältesten Kinobau Deutschlands. Im Herbst findet seit 1991 in Cottbus das

Stadthalle Cottbus

Filmfestival Cottbus mit einem Schwerpunkt auf das osteuropäische Kino statt. Das Wendische Museum bietet Einblicke in Kultur und Geschichte der Wenden der Niederlausitz. Im Stadtmuseum wird die Geschichte und Kulturgeschichte der Stadt und ihrer Umgebung dargestellt. Im Museum der Natur und Umwelt ist die Naturgeschichte der Niederlausitz Hauptgegenstand der biologischen und geo-

Cottbus, die Lindenpforte

logischen Sammlungen. Das Brandenburgische Apothekenmuseum am Altmarkt ist das einzige Apothekenmuseum des Landes Brandenburg. Das Kunstmuseum Dieselkraftwerk beherbergt Malerei, Skulptur, Grafik, Fotografie und Plakat. Das Flugplatzmuseum zeigt 80 Jahre Geschichte der Cottbuser Flugplätze und der Luftfahrt in der Lausitz. Weitere Museen sind das Wassermuseum im Wasserwerk Cottbus, das Technische Denkmal Spreewehrmühle und das Technische Denkmal Parkschmiede Cottbus-Branitz. Der Spremberger Turm ist das Wahrzeichen der Stadt, wurde im 13. Jahrhundert erbaut und bildet mit Bastei und Torhaus das südliche Stadttor. Die Zinnenkrone erhielt er in den Jahren 1823-25. Er ist heute 31 Meter hoch. Der Münzturm ist der älteste Turm der Stadt. Der Münzturm und der Spremberger Turm begrenzen den 1.200 Meter langen Teil der alten Wehranlage. Der Altmarkt zeigt sich als eindrucksvolles Ensemble von Bürgerhäusern im Barockstil. Das Wendische Viertel wurde 1984-89 auf historischem Stadtgrund zwischen Berliner Platz und Oberkirchplatz vorwiegend in Plattenbauweise mit altstadttypischer Fassadenstruktur erbaut. Das neue Rathaus wurde von 1934-36 erbaut. Eine Tafel erinnert an das Geburtshaus des Malers Carl Blechen. Am Mühlengraben stehen die ältesten Cottbuser Gebäude, die Loh- und Weißgerberhäuser. Im 10. Jahrhundert erbauten die Wenden auf der Talsandinsel am Westufer der Spree einen slawischen Burgwall, die größte slawische Burg der Niederlausitz und heutiger Schlossberg. Hier erhebt sich der 46 Meter hohe, mittelalterliche Schlossturm, der 1877 mit dem Neubau des Gerichtsgebäudes seine Zinnenkrone und neugotische Turmhaube erhielt. Im Süden steht ein Werk des Architekten Mendelssohn im typischen Baustil. Die evangelische Schlosskirche wurde 1419 als Katharinenkirche erbaut und später mehrmals durch Brände zerstört. Errichtet wurde sie nach Einzug der Hugenotten 1714 auf deren Grundmauern als einschiffiger Putzbau mit Walmdach und Sakristeianbau. 1870 erhielt sie den neugotischen Turm. Die evangelische Oberkirche St. Nikolai ist die größte Kirche der Niederlausitz. Es ist ein spätgotischer dreischiffiger Backsteinbau des 14. Jahrhunderts. Im Inneren sind Sterngewölbe und Kanzel sowie der 1664 erbaute Hochaltar mit prächtiger Alabasterschnitzerei. Im Kirchenschiff und in den Kapellenanbauten befinden sich mehrere bedeutsame Grabdenkmäler des 16. und 17. Jahrhunderts. Der Ausblick vom 55 Meter hohen Kirchturm ist sehenswert. Die evangelische Klosterkirche wird auch „Wendische Kirche" genannt. Sie ist der Rest des ehemaligen Franziskanerklosters aus dem 13. und 14. Jahrhundert. Das älteste Cottbuser Gotteshaus birgt ein wichtiges Zeugnis der Stadtgeschichte. Die Grabplatte des Stadtgründers zeigt das heute noch gültige Wappentier. Die katholische Propstei- und Pfarrkirche „St. Maria Friedenskönigin", die 1911-12 von Robert Leibnitz erbaute Lutherkirche, die katholische Christuskirche und die Madlower Martinskirche sind weitere Kirchen der Stadt Cottbus. Die Oberkirche Sankt Nikolai zu Cottbus ist neben der Klosterkirche die zweite mittelalterliche Kirche in Cottbus.

Da lacht das Köcheherz

Kochrezepte der Region

1. KARTOFFELSUPPE á la SPREEWALD
zuerst werden 500g Rauchfleisch abgekocht

dazu werden Gemüse der Region gegeben: Möhren, Sellerie, Porree und Zwiebeln; wenn Speck- oder Wurstreste vorhanden – einfach hinzugeben

gleichzeitig 2 kg Kartoffeln vierteln mit 1Stunde vorher in Wasser eingeweichten getrockneten Mischpilzen kochen

Fleisch und Gemüse zerkleinern

Kartoffeln stampfen und zerkleinertes Fleisch/Gemüse unterheben und mit (wenig) Salz und Pfeffer abschmecken

drei Zwiebeln würfeln, glasig dünsten und Speck (Menge nach Gusto) auslassen

letzteres in die Kartoffel-, Fleisch- Gemüsesuppe geben

zu dieser Suppe kommen 2 Esslöffel original(!) Spreewälder Gewürzgurkensud aus dem Glas und je Teller einer gewürfelten Gewürzgurke servieren

Alles eigene Ernte!

2. RINDFLEISCH IN MEERRETTICHSOßE

2 kg Rindfleisch anschmoren, dazu Zwiebeln, Möhren und Sellerie geben. Mit Salz und Pfeffer abschmecken. Ist das Schmorfleisch durch, dann erkalten lassen die erkaltete Fleischbrühe zur Herstellung einer Mehlschwitze (Butter und Mehl) verwenden – nochmals mit Salz, Pfeffer und Zucker abschmecken
2 leicht geschlagene Eier in die Mehlschwitze geben (Vorsicht! Nicht kochen!)
reichlich Meerrettich von der Stange in die Soße reiben
wer es mag: braune Butter über die Soße geben – servieren

3. FISCH IN SPREEWALDSOßE

Entgegen einer landläufigen Meinung hat die Fisch-Spreewaldsoße keine Meer-rettich-Bestandteile, sondern ist eine sehr gehaltvolle helle Soße. Da der Spree-wald eine sehr fischreiche Region ist, leistet sich die hiesige Küche den Luxus von gleich zwei verschiedenen Fischbestandteilen. An die in der Vergangenheit sehr erfolgreiche Bierherstellung erinnern andere Bestandteile.

Der Fischer und sein Wels

Vier (lediglich gereinigte) Fische wie Schleie, Rotfedern, Plötzen oder Barsche werden leicht gesalzen, in grobe Stücke geschnitten

3 grob zerteilte Zwiebeln, 2 Lorbeerblätter, Pimentkörner und Pfefferkörner (auch komplett als Mischung erhältlich) in einen Topf mit Wasser Fischstücke dazugeben und ca. 20 min kochen lassen

Fischstücke entsorgen, den Sud durchseihen

Edelfisch (Filet vom Hecht, Zander, oder Wels) in den Sud geben und garen lassen

Edelfisch herausnehmen und warm stellen

1/2 l Sahne mit ca. 4 Esslöffeln Mehl sorgfältig verquirlen und dieses dann in den kochenden Sud geben mit einem 1/2 Stück Butter verfeinern

weiterhin: 0,33 l Pilsener Bier und die gleiche Menge dunkles Bier (!) hinzugeben, dann mit Zitrone und Zucker abschmecken

traditionell serviert wird: Über den Fisch einen Teelöffel brauner Butter auf einem Extrateller, Soße über zerdrückte Salzkartoffeln.

Wer es ganz traditionell genießen will: Soße und Kartoffeln mit einem Löffel essen.

4. Plinze

vermengt werden: 1 l Milch, 5 Eier, 1/2 Päckchen handelsübliches Backpulver, 250 g Mehl und 1 Priese Salz

kräftig zu einem sämigen Teig verrühren

in der Pfanne (Tiegel o. ä.) Leinöl erhitzen (unbedingt dieses Öl verwenden!)

mit einer kleinen Kelle ungefähr Handteller große Plinzen ausbacken (je dünner, desto besser)

goldgelb ausbacken, einfach mit Zucker oder Apfelmus/Konfitüre bestreichen

zusammenrollen und servieren

Informationsanhang

ADRESSEN UND ALLGEMEINE INFORMATIONEN

- Spreewald-Touristinformation e.V., Ehm-Welk-Straße 15, 03222 Lübbenau,
  ✆ 03542 / 36 68, www.spreewald-online.de
- Tourismusverband Niederlausitzer Land e.V., Schlossbezirk 3,
  03130 Spremberg, ✆ 03563 / 60 23 40, www.niederlausitz.com

- Biosphärenreservat Spreewald, Schulstraße 9, 03222 Lübbenau,
  ✆ 03542 / 89 21-0, www.spreewald.de und www.mluv-brandenburg.de
  Außenstelle Schlepzig, Dorfstraße 52, ✆ 035472 / 2 76
  Außenstelle Burg, Byhleguhrer Straße 17, 03096 Burg, ✆ 035603 / 69 10

- Naturpark Niederlausitzer Landrücken, Am Markt 34, 15926 Luckau,
  ✆ 03544 / 30 50, www.niederlausitz.com
  Außenstellen:
  Besucherzentrum Gärtnerhaus in Fürstlich Drehna, Alte Luckauer Straße 1,
  15926 Luckau/OT Fürstl. Drehna
  Heinz Sielmann Naturparkzentrum Wannichen, 15926 Luckau/ OT Görls-
  dorf, ✆ 03544 / 55 77 55, www.wannichen.de
  Bürgerstiftung Kulturlandschaft Spreewald, c/o Biosphärenreservat Spreewald Schulstraße 9 03222 Lübbenau, www.spreewaldstiftung.de

FAHRRADFAHREN

Allgemeine Informationen sind erhältlich über: ADFC- Landesverband Brandenburg e.V, Charlottenstraße 31, 14467 Potsdam, Tel: 0331 / 2 80 05 95,
  www.adfc.de/brb.
Speziell: 250 km langer Gurkenradweg: über alle Touristik-Informationen, speziell im Angebot über: Raddusch und Spreewald-Touristik e. K.,
  Parzellenstraße 81, 03046 Cottbus, www.spreewald-touristik.de

KANUFAHRTEN

Bootsverleiher
Bootsverleih Franke, Dammstraße 72, 03222 Lübbenau, ✆ 03542 / 27 22
Bootshaus Kaupen, Kaupen 1, 03222 Lübbenau, ✆ 03542 / 27 50
Bootsverleih Hannemann, Am Wasser 1, 03222 Lübbenau, ✆ 03542 / 3647
Bootsverleih Petrick, Schlossbezirk 22, 03222 Lübbenau, ✆ 03542 / 36 20
Bootsverleih Dolzke-Insel, An der Dolzke 8, 03222 Lübbenau OT Lehde,
  ✆ 03542 / 40 59 88, www.spreewaldboote.de

Oberspreewald (in alphabetischer Reihenfolge)

03096 Briesen
Evangelische Kirche Briesen, Dorfstraße 16, 03096 Briesen,
☎ 035606 / 2 59

03096 Burg
Spreewald Information, Bahnhofstraße 15, 03096 Burg,
☎ 035603 / 75 95 60
Spreewald-Tourismus, Am Hafen 6, 03096 Burg, ☎ 035603 / 75 01 60
Heimatstube Burg, Am Hafen 1, 03096 Burg, ☎ 035603 / 7 57 29
Evangelische Kirche Burg, Kirchweg 22, 03096 Burg, ☎ 035603 / 4 55
Sommersaison 09-20 Uhr
SPA & Resort „Zur Bleiche", Bleichenstraße 16, ☎ 035603 / 6 20
www.hotel-zur-bleiche.com
Spreewaldtherme, Ringchaussee 152, 03096 Burg, ☎ 035603 / 1 88 50,
www.spreewald-therme.de
Töpferei Piezonka (Werkstatt), Weidenweg 15, 03096 Burg, tägl. 9-18 Uhr
Töpferei Piezonka, (Laden), Hauptstraße 41, 03096 Burg, ☎ 035603 / 5 98,
Öffnungszeiten Laden, Mo.-Fr. 09-13 Uhr, 14-18 Uhr, Sa. 09-12 Uhr
Holzpantoffelmacher Manfred Karolczak, Lindenstraße 5, 03096 Burg,
☎ 035603 / 6 04 14, Öffnungszeiten: nach Absprache,
www.pensionzumholzpantoffelmacher.de
Spreewald-Mosterei Jank, Naundorfer Straße 2, 03096 Burg,
☎ 035603 / 3 92, Öffnungszeiten: Betriebsbesichtigungen auf Anfrage,
www.spreewald-mosterei.de
Trachtenstickerei Christa Dziumbla, Wendenkönigstraße 9, 03096 Burg,
☎ 035603 / 8 74, www.trachtenstickerei.de, täglich 9-17 Uhr
und nach Absprache
Arznei- und Gewürzpflanzengarten Burg e. V., Byhleguhrer Straße 17,
03096 Burg, ☎ 035603 / 6 91 24, www.spreewaldkraeuter.de,
Mo-Fr. 07.30-16 Uhr, Sa/So (Mai-September) 10-18 Uhr
Spreewaldhof Lukas, Willischzaweg 43, 03096 Burg, ☎ 035603 / 5 48,
täglich 8-18 Uhr
Bismarckturm, Byhleguhrer Straße, 03096 Burg, ☎ 035603 / 75 01 60,
April bis Juni täglich außer donnerstags von 10-18 Uhr, Juli bis August täglich von 10-19 Uhr, September bis Oktober täglich außer donnerstags von
10-18 Uhr.
Biberhof Burg (Spreewald), Familie Broddack, Nordweg 48, 03096 Burg
Spreewaldbahnhof Burg, Gasthaus & Pension, Am Bahnhof 1, 03096 Burg,
☎ 035603 / 8 42

03046 Cottbus
CottbusService (Stadthalle), Berliner Platz 6, ℂ (0355) 75 42-0,
Fax: (0355) 75 42-455, www.cottbus.de

03096 Dissen
Heimatmuseum Dissen, Hauptstraße 32, 03096 Dissen, ℂ 035606 / 2 56,
Di.-Do. 9-16 Uhr, So. 14-17 Uhr, www.dissen-spreewald.de
Evangelische Kirche Dissen, Hauptstraße 27, 03096 Dissen, ℂ 035606 / 2
57, Führungen nach tel. Anmeldung

03222 Dolzke
Hotelanlage Starick Bauernhaus- und Gurkenmuseum, An der Dolzke 6,
03222 Lehde, ℂ 03542 / 8 99 90

03222 Lehde
Verein zur Erhaltung und Förderung des Spreewalddorfes Lehde e.V.,
An der Quodd 2, 03222 Lehde, www.spreewald-lehde.de
Spreewaldmuseum Lübbenau / Lehde, Am Topfmarkt, 03222 Lübbenau /
Spreewald, ℂ 03542 / 24 72
Spreewälder Senfmanufaktur, 03222 Lübbenau/OT Lehde,
Auf den Kaupen 7, ℂ 03542 / 4 78 97
Kahnbauerei Koal, 03222 Lübbenau/ OT Lehde, Dorfstraße 11,
ℂ 0352 / 4 53 56

03226 Leipe
Förderverein Spreewalddorf Leipe e.V., Dorfstraße 45,
ℂ 03542 / 4 36 83
Heimatstube, Dorfstraße 22, 03226 Leipe, ℂ 03542 / 29 05 oder
4 36 83, tägl. 10-17 Uhr
Pohlenz-Schänke, Pohlenz-Weg 1, 03226 Leipe, ℂ 03542 / 8 99 90, von
1. April (bzw. Ostern) bis 31. Oktober
Spreewaldhotel Leipe • Leiper Dorfstraße 29, 03222 Lübbenau/OT Leipe,
ℂ 03542 / 22 34

03222 Lübbenau
Spreewald-Touristinformation e.V., 03222 Lübbenau/ Spreewald, Ehm-Welk-
Straße 15, ℂ 03542 / 36 68, www.luebbenau-online.de
Spreewelten im Bahnhof Lübbenau, Bahnhofstraße 3d, 03222 Lübbenau,
ℂ 03542 / 88 99 77, www.spreewelten.de
Brauhaus und Pension Babben, Brauhausgasse 2, ℂ 03542- 21 26,
www.babben-bier.de
Angeln im Spreewald, Fredi's Spreewald-Angeltouren, Straße des Aufbaus
2A, 03222 Lübbenau, ℂ 0 35 42 / 4 62 34, mobil: 01 76 / 23 62 29 53
Spreewelten Bad Lübbenau, Spreewelten Sauna- und Badeparadies,
Alte Huttung 13

03222 Lübbenau

✆ (0 35 42) 89 41 60, Mo., Mi., Do. 10-22 Uhr, Di. 10-23 Uhr, Fr. 10-24 Uhr, Sa. 9-24 Uhr, So. 9-22 Uhr, www.spreewelten.de

Schloss Lübbenau, Schlossbezirk 6, 03222 Lübbenau, ✆ 03542 / 87 30, www.tagungshotel.com

Haus für Mensch und Natur, Schulstraße 9, ✆ 03542 / 36 68

Spreewaldmuseum, Am Topfmarkt 12, ✆ 03542 / 24 72, Mo.- So. 10-18 Uhr, Mitte Sept. bis Mitte Okt. Di.-So. 10-17 Uhr

Skulpturenpark Alter Friedhof, ✆ 03542 / 40 36 92

Kirche St. Nikolai, ✆ 03542 / 26 78

Spreewälder Lichtnächte: Infos über www.hansewoche.de oder ✆ 03542 / 22 25

Gasthaus Wotschofska, ✆ 03546 / 76 01

03226 Raddusch

Tourismusverband Spreewald e.V., Lindenstraße 1, ✆ 035433 / 7 22 99,

Förderverein Slawenburg Raddusch e.V., OT Raddusch, Zur Slawenburg 1, 03222 Vetschau/ Spreewald, ✆ 035433 / 5 55 23, www.raddusch-spree-wald.de, www.slawenburg-raddusch.de

Tagesprogramme: www.spreewaldtagesprogramm.de

Kremser- und Kutschfahrten, Zum schwarzen Berg, 03226 Vetschau, ✆ 035433 / 5 55 30

15913 Straupitz

• Kirchenführung unter 035475 / 4 96

Holländerwindmühle, Laasower Straße 11a, 15913 Straupitz, ✆ 035475 / 1 69 97, www.windmühle-straupnitz.de

• Holzbildhauer, Jan Brehmer, am alten Bahnhof, ✆ 0176 / 42 57 16 99

03226 Vetschau

Touristeninformation Vetschau und Stadtschloss, Schlossstraße 10, 03226 Vetschau / Spreewald, ✆ 035433 / 7 77 84, www.vetschau.de

Wendisch-Deutsche Doppelkirche: Förderverein Wendische Kirche Vetschau e.V.

Karl-Marx-Straße 45, 03226 Vetschau/Spreewald, ✆ 035433 / 7 12 12, April-Oktober: 10-12Uhr, 14-17 Uhr, So, Feiertage:14-17 Uhr, oder nach telefonischer Rücksprache

Weißstorch-Informationszentrum, Drebkauer Straße 2a, 03226 Vetschau, ✆ 035433 / 41 00, vom 31.03. bis 30.09. Di. bis So. 10-17 Uhr, www.storchennest.de

Altes Brauhaus / Hellmanns Stube, Am Markt 30, ✆ 035433 / 30 63

03096 Werben

Spreewälder Kochakademie, Inhaber Peter Schlodder-Franke, Burger Straße 1, 03096 Werben, ✆ 035603 / 6 60

Unterspreewald (in alphabetischer Reihenfolge)

15913 Groß Leuthen
- Touristeninformation Märkische Heide, 15913 Märkische Heide OT Groß Leuthen, Schloßstraße 13a, Tel: 035471 / 8 51 13, www.maerkische-heide.de
- Campingplätze: Feriencamp: FFZ Klein Leuthen, Am See, 15913 Märkische Heide, ✆ 035471 / 6 76
- Wasserschloss Groß Leuthen, 15913 Groß Leuthen, Dorfstraße. 21, ✆ 035471 / 2 02 20

15910 Groß Wasserburg
- Ortstourismusverein, Dorfstraße 4, 15910 Krausnick/ OT Groß Wasserburg, 035473 / 5 57, Fax: 035473 / 2 58 88

15748 Köthen
- Pension „Zum Schafspelz", Dorfstraße 16, 15748 Märkisch Bucholz/OT Köthen, ✆ 033765- 8 03 96, www.pension-schafspelz.de / alles auch für „Bärengewölbe"
- Jugendherberge Köthener See, Dorfstraße 20, ✆ 033765 / 8 05 55, www.jh-koethener-see.de, www.maerkischbuchholz.de

Krausnick / Krausnicker Berge
- www.spreewaldportal.de

15910 Leibsch
- Kahnfahrten: Büttner, Hauptstraße 32, 15910 Leibsch, ✆ 035473 / 20 50, www.spreewald-kahnfahrten.de

15907 Lübben
- Spreewaldinformation Lübben, Ernst-von-Houwald-Damm 15, ✆ 03546 / 30 90 oder 24 33, spreewaldinfo@t-online.de
- Tourismusverein Lübben und Umgebung e. V., Ernst-von-Houwald-Damm 15, ✆ 03546 / 22 50 15, Fax 03546 / 22 50 23
- Stadt- und Regionalmuseum, Ernst-von-Houwald-Damm 14, 15907 Lübben, ✆ 03546 / 18 74 78, 1. April bis 31. Oktober, Di.-So. von 10-17 Uhr, 1. November - 31. März, Mi.-Fr. von 10-16 Uhr, Sa./So. von 13-17 Uhr
- Spreewald-Camping Lübben, Am Burglehn, PF 1420, 15904 Lübben, ✆ 03546 / 70 53, www.spreewald-camping-luebben.de
- Gasthaus „BURGLEHN", Am Burglehn 12, ✆ 03546 / 73 06

15748 Märkisch Buchholz
- Fremdenverkehrsverein e.V. „Tor zum Spreewald Märkisch Buchholz/ Köthen", Dorfstraße 17, 15748 Märkisch Buchholz, OT Köthen, ✆ 033765 / 8 05 20
- www.maerkischbuchholz.de, www.kanusport-dahmeland.de

- Kahnfahrten (nur auf Anfrage!): Ewald Büttner, Hauptstraße 32, 15910 Leibsch, ✆ 035473 / 73 20 50

15913 Alt Schadow / Neuendorfer See

- Interessengemeinschaft Handwerk & Tourismus Spreewald e.V., www.spreewald-altschadow.de
- Campingplatz Halbinsel Raatsch 1, 15913 Märkische Heide/OT Alt Schadow, ✆ 035473 / 6 00, www.halbinsel-raatsch.de
- Camping Nord, 15913 Märkische Heide/ OT Alt Schadow, ✆ 035473 / 6 21, www.spreewaldcamping-nord.de
- Fischerei Richter, Lindenstraße 29, Tel: 035473 / 7 0, www.spreewaldfischerei.de

15910 Schlepzig

- Tourist-Information Unterspreewald, Dorfstraße 26, 15910 Schlepzig, ✆ 035472 / 6 40 25, www.unterspreewald.de oder auch www.spreewald-schlepzig.de
- Ev. Pfarramt Schlepzig, Dorfstraße 34, ✆ 035472 / 3 88, Kirche: Apr.-Okt. tägl. ab 9 Uhr, Nov. Bis März: nur Sa./So.
- Bauernmuseum (Agrarhistorisches Museum) , Dorfstraße 26, 15910 Schlepzig, ✆ 035472 / 2 25, Nov.-März: Mo.-Fr. 10-16 Uhr, Apr.-Okt.: tägl.10-16 Uhr, www.bauernmuseum-schlepzig.de
- Spreewälder Privatbrauerei 1788 (Restaurant, Brauerei, Hotel), Dorfstraße 53/56, 15910 Schlepzig, ✆ 035472 / 66 20
- Historische Getreidemühle, Dorfstraße 52, über die Tourist-Information, Apr.-Okt. tägl. 10-16 Uhr
- Ausstellung „Unter Wasser unterwegs", Dorfstraße 52, ✆ 035472 / 2 76, Apr.-Okt. tägl. 10-17 Uhr, Feb.-März: Mo.-Fr. 10-16 Uhr

15907 Steinkirchen (OT von Lübbenau)

- Herrenhaus Neuhaus, Am Neuhaus, 15907 Steinkirchen, ✆ 03546 / 18 27 67

Tropical Islands

- Brand, Tropical Islands am Spreewald, Tropical Islands Resort, Tropical-Islands-Allee 1, 15910 Krausnick, ✆ 03 54 77 / 60 50 50, tägl. 09-22 Uhr

INTERNET – ALLGEMEINE ADRESSEN

Die Internetadressen zu den einzelnen Ort finden Sie unter den jeweiligen Ortsnamen.

www.spreewald.de
www.spreewald-urlaub.de
www.spreewald-tourismuszentrale.de
www.faszination-spreewald.de
www.spreewald-online.de

www.kulturfeste.de
www.unterspreewald.de
www.niederlausitz.de
www.sorben-wenden.de
www.spreewald-web.de

VERWENDETE UND WEITERFÜHRENDE LITERATUR

Ute Henschel „Lübbenauer Trachten Buch", Bautzen 1999
Erich Schneider „Sagen aus Heide und Spreewald", Bautzen 199Horst Adam „Unterwegs im Spreewald", Bautzen 1993
Georg Dehio „Handbuch der deutschen Kunstdenkmäler – Brandenburg", 2000
Dr. G. Heinrich (Hrsg.) „Handbuch Historischer Stätten Deutschlands – Berlin/ Brandenburg", 1995
Th. Fontane „Wanderungen durch die Mark Brandenburg: Spreeland", 1994
Willibald von Schulenburg, „Wendische Volkssagen aus dem Spreewald", 1880
Willibald von Schulenburg, „Wendisches Volkstum", 1882
Jurij Brezan „Die Jungfrau, die nicht ins Bett wollte. Sorbische Märchen", Bautzen 2006
Werner Meschkank „Als die Wendengötter sterben sollten", Cottbus o.J.
Hans Hermann Krönert „Lausitzer Miniaturen", Cottbus o.J.
„Das Kienschloß – Sorbische Märchen", Bautzen 1992
Handrij Zejler „Der betresste Esel", Bautzen 2004
„Sagen aus dem Spreewald", Cottbus o.J.
Ingrid Groschke, „Spreewald Jahrbuch", Cottbus 2005
Jens Sparschuh „Eins zu eins", (Kriminalroman) Köln 2004

EMPFEHLENSWERTE LANDKARTEN UND LITERATUR

Rad-, Wander- und Gewässerkarten, Maßstab 1 : 35.000, *grünes herz*, „Unterspreewald", ISBN 973-3-935621-50-2
„Oberspreewald", ISBN 978-3-935621-51-9
Fahrradkarte „Spreewald", Maßstab 1:75.000, *grünes herz*, ISBN 978-3-935621-79-3
Freizeitkarte „Dahme – Spreewald", Maßstab 1 : 100.000, *grünes herz*, ISBN 978-3-935621-82-3
Ferienkarte „Spreewald", *grünes herz*, ISBN 978-3-935621-88-5
Broschüre „Spreewälder Radeltouren", Andreas Traube, *grünes herz*, ISBN 978-3-935621-32-8

Stilles Wasser mit Kähnen

IMPRESSUM

© 2008 by Verlag *grünes herz*, Dr. Lutz Gebhardt e. K.
   Ilmenau/Thüringen und Ostseebad Wustrow

98684 Ilmenau, PF 100564
Tel.: (0 36 77) 6 30 25, Fax: (0 36 77) 6 30 40
E-Mail: info@gruenes-herz.de und bestellung@gruenes-herz.de

Text: Jo Lüdemann
Redaktion: Anette Cotta
Kartographie: Ingenieurbüro für Kartographie Müller & Richert GbR, Gotha/Thüringen
Titelfoto: Christoph Neumann, Burg/Spreewald
Fotos: Lutz Gebhardt, außer:
Andreas Traube, Lübben, Seiten: 19, 57, 63, 71, 73, 74, 75, 76 oben, 84
Michael Schön, Heimatmuseum Dissen, Seiten: 2, 50, 72
Touristinformation Schlepzig, Seiten: 64, 65, 67
Eva Sherpa, Seite: 9
Christoph Neumann, Seite: 20
Dennis Gebhardt, Seite: 38
Spreewald Therme GmbH, Burg/Spreewald, Seite: 43
Archiv Landesumweltamt Brandenburg/Biosphärenreservat Spreewald, Seite: 66
Tropical Island Resort, Seite: 70
Gestaltung: Atelier für Grafik-Design Katharina Kerntopf, Ilmenau/Thüringen
Litho: druckpunkt Suhl, Andreas Langguth, Zella-Mehlis/Thüringen
Druck: Druckhaus Gera

1. Auflage 2008

ISBN 978-3-929993-92-9

DIE KARTEN ZUM BUCH

Rad-, Wander- und Gewässerkarten im Maßstab 1 : 35.000

ISBN 978-3-929993-50-2

ISBN 978-3-929993-51-9

Fahrradkarten
Maßstab 1 : 75.000

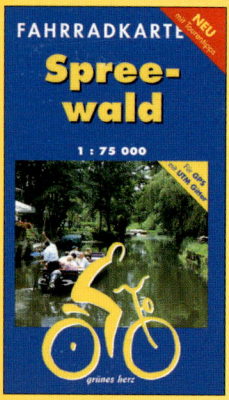

ISBN 978-3-935621-79-3

Freizeitkarten
Maßstab 1 : 100.000

ISBN 978-3-935621-82-3

Ferienkarte

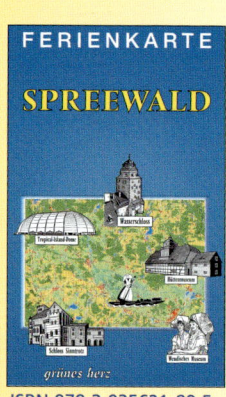

ISBN 978-3-935621-88-5

Bestellung über: Verlag *grünes herz*, Tel.: (03677) 630 25, Fax: (03677) 630 40
www.gruenes-herz.de
info@gruenes-herz.de und bestellung@gruenes-herz.de